本书为国家自然科学基金地区基金项目"我国城市社区业主自治的溢出效应及其形成机理研究"的部分研究成果（项目编号：71864002；项目负责人：高伟）

高 伟◎著

城市住宅小区治理研究

知识产权出版社
全国百佳图书出版单位
—北京—

图书在版编目（CIP）数据

城市住宅小区治理研究/高伟著. —北京：知识产权出版社，2022.12
ISBN 978-7-5130-8463-5

Ⅰ.①城… Ⅱ.①高… Ⅲ.①城市—社区管理—研究—中国 Ⅳ.①D669.3

中国版本图书馆 CIP 数据核字（2022）第 218057 号

内容提要

本书以小区治理为研究对象，结合调研数据和统计分析方法辨析了小区治理的概念，探究了影响小区治理的因素，给出了优化我国当前小区治理的政策建议。同时，本书还总结了国内外的优秀经验，在把握我国小区治理阶段性特征的基础上，给出了可操作的实践建议。

本书可作为相关研究者和行业从业者的参考用书，也可作为普通高校公共管理专业大学生的课外读物。

责任编辑：李小娟　　　　　　责任印制：孙婷婷

城市住宅小区治理研究
CHENGSHI ZHUZHAI XIAOQU ZHILI YANJIU

高 伟 著

出版发行：知识产权出版社有限责任公司	网　址：http://www.ipph.cn
电　话：010-82004826	http://www.laichushu.com
社　址：北京市海淀区气象路 50 号院	邮　编：100081
责编电话：010-82000860 转 8531	责编邮箱：lixiaojuan@cnipr.com
发行电话：010-82000860 转 8101	发行传真：010-82000893
印　刷：北京中献拓方科技发展有限公司	经　销：新华书店、各大网上书店及相关专业书店
开　本：720mm×1000mm　1/16	印　张：11.25
版　次：2022 年 12 月第 1 版	印　次：2022 年 12 月第 1 次印刷
字　数：167 千字	定　价：79.00 元

ISBN 978-7-5130-8463-5

出版权专有　侵权必究
如有印装质量问题，本社负责调换。

前　言

住宅小区（以下简称小区）是城市的微观单元，是居民生活的主要空间，是城市基层社会治理的最后一公里。小区治理事关居民生活品质、城市安全和社会稳定。随着经济和社会的快速发展，小区治理中的矛盾、冲突和纠纷日益增多，影响着居民对美好居住环境的向往，干扰了城市的安全系统和社会秩序。

小区治理是城市基层社会治理中的"老大难"，受到政治学、社会学、管理学、法学、经济学、规划学等多个学科的关注，是名副其实的跨学科、综合性研究议题。虽然，已有研究数量较多，成果也非常丰富，但大多致力于解决小区治理中的具体操作问题，未能深入地探讨一些理论上的难题。例如，小区治理究竟是什么？它是业主自治、是物业管理还是社区治理？小区治理现状是怎样的？如何评价和解释小区治理绩效水平？小区治理中，业主和居民扮演着重要的角色，那么业主自治意识和居民参与处于什么水平，它们又各受到什么因素的影响？

本书围绕上述问题分七章进行阐述。第一章绪论，通过细数我国小区治理中遭遇的难题，概述国内外文献在小区治理研究中的差异，简介国内小区治理研究的重心变化，明确本书的主要研究内容。第二章理论研究和经验发现，以研究视角为划分依据，将既有文献分为国家－社会关系、业主维权、业主自治、公共池塘资源治理和多元主体共治五个类别，采用以中文文献为主、英文文献为辅的策略，细致地整理了相关研究，破除了学科藩篱，夯实了小区治理研究的理论基础。第三章小区治理的定义及发展历程，在厘清相关概念的基础上，旗帜鲜明地给出了小区治理的定义，描绘了小区善治的特征，简介了我国小区治理的发展历程。第四章小区治理现状研究——以南宁市青秀区为例，基于指标评价法的思想，采用专家打分和居民评价相结合的方式，从外部治理绩效和内部治理绩效两方面着手，结合实地调研数据，系统全面地刻画了小区治理绩效水平，验证了治理模式对小区治理绩效水平的影响。第五章小区业主自治意识，指出现有文献对小区业主自治意识研究的不足，探讨了业主自治意识的内容，构建了意识测量量表，验证了阶层理论和建构理论两种竞争性理论的解释力。第六章居民参与小区治理，明确了小区治理中居民参与的类型，基于三项来源不同的调查数据，厘清了居民弱参与的基本事实，利用共同利益模型对居民参与水平进行了差异性研究。第七章结语，在研究发现的基础上给出了改善我国小区治理状况的对策建议。

  小区治理的理论和实践是不断发展和变化的。随着这些发展和变化，小区治理的主题和内容也在不断深入和完善，本书在编写过程中，力求从实证的角度出发摸清小区治理的基本事实。但由于时间及作者水平有限，难免存在不全面和不系统之处，敬请读者批评指正。

  最后，我想感谢我的学生们为本书的研究和写作提供了热情的协助，从数据收集到参考文献的校正，特别值得提及的是杨幼珍、张理浩、温雪婷和覃译萱的辛勤投入。感谢南宁市青秀区住建局的工作人员，为本书的数据抽样提供了关键的抽样框。感谢参与实地调查的街道办事处和居委会工作人员、业主委员会成员、物业管理公司员工及小区居民。正是你们的热心参与使得本书的研究工作得以顺利开展。此外，还要感谢知识产权出版社的李小娟女士，为本书做了出色的编辑工作。

目 录

第1章 绪 论 ... 1
1.1 研究背景 ... 1
1.1.1 现实背景 ... 1
1.1.2 理论背景 ... 6
1.2 研究内容 ... 10
1.2.1 理论分析 ... 10
1.2.2 实证分析 ... 11
1.3 研究方法 ... 12
1.3.1 资料收集方法 ... 12
1.3.2 统计分析方法 ... 12
1.4 主要贡献及不足 ... 13
1.4.1 主要贡献 ... 13
1.4.2 不足之处 ... 14

第2章 理论研究和经验发现 ... 15
2.1 小区治理研究概览 ... 15
2.1.1 国内研究特点及趋势 ... 15
2.1.2 国外研究特点及趋势 ... 18
2.1.3 国内外研究的比较 ... 21
2.2 已有研究发现 ... 23
2.2.1 国家–社会关系 ... 23

2.2.2 业主维权 ·· 29
2.2.3 业主自治 ·· 34
2.2.4 公共池塘资源治理 ·· 39
2.2.5 多元主体共治 ·· 45
2.3 研究述评 ·· 49

第3章 小区治理的定义及发展历程 ·································· 53
3.1 关键概念界定 ·· 53
3.1.1 治理 ·· 53
3.1.2 善治 ·· 54
3.1.3 城市社区治理 ·· 55
3.1.4 物业管理 ·· 56
3.1.5 业主自治 ·· 58
3.1.6 业主组织 ·· 61
3.2 小区治理概念的探讨 ·· 65
3.2.1 小区治理理念兴起的原因 ···································· 65
3.2.2 小区治理的客体 ·· 66
3.2.3 小区治理的主体 ·· 67
3.2.4 小区治理的概念辨析 ·· 68
3.2.5 小区善治 ·· 69
3.3 小区治理发展历程——以业主自治为叙事主线 ······················ 71
3.3.1 孕育阶段（1978—1993年）·································· 71
3.3.2 "不规范"发展阶段（1994—2003年）························· 73
3.3.3 规范发展阶段（2004—2013年）······························ 76
3.3.4 新发展阶段（2013年至今）·································· 81

第4章 小区治理现状实证研究——以南宁市青秀区为例 ·················· 85
4.1 调研区域简介 ·· 85
4.1.1 经济社会发展状况 ·· 85
4.1.2 小区治理政策变迁 ·· 86

  4.1.3　小区治理状况概述 ………………………………………… 88
 4.2　小区治理绩效的客观评价 …………………………………………… 91
  4.2.1　评价方法 ……………………………………………………… 91
  4.2.1　资料收集过程 ………………………………………………… 94
  4.2.3　样本情况 ……………………………………………………… 95
  4.2.4　评价结果 ……………………………………………………… 99
 4.3　小区居民治理的主观满意度评价 …………………………………… 102
  4.3.1　对小区物业管理的满意度 …………………………………… 103
  4.3.2　对小区治理主体的满意度 …………………………………… 105
  4.3.3　对业委会工作的满意度 ……………………………………… 106

第5章　小区业主自治意识 …………………………………………… 107
 5.1　自治意识的概念 ……………………………………………………… 107
  5.1.1　研究自治意识的意义 ………………………………………… 107
  5.1.2　自治意识的定义 ……………………………………………… 110
  5.1.3　业主自治意识研究述评 ……………………………………… 111
 5.2　自治意识研究现状 …………………………………………………… 112
  5.2.1　操作化定义 …………………………………………………… 112
  5.2.2　测量方法 ……………………………………………………… 114
  5.2.3　测量结果 ……………………………………………………… 117
 5.3　自治意识的差异性分析 ……………………………………………… 118
  5.3.1　研究假设的提出 ……………………………………………… 118
  5.3.2　研究假设的验证 ……………………………………………… 120
  5.3.3　小结 …………………………………………………………… 121

第6章　居民参与小区治理 …………………………………………… 123
 6.1　居民参与概述 ………………………………………………………… 123
  6.1.1　居民参与的概念 ……………………………………………… 123
  6.1.2　居民参与的影响因素 ………………………………………… 124
  6.1.3　可行的研究方向 ……………………………………………… 127

6.2 小区治理中的居民参与现状 …………………………………… 127
　　6.2.1 决策性参与现状 ………………………………………… 128
　　6.2.2 消费性参与现状 ………………………………………… 131
　　6.2.3 维权性参与现状 ………………………………………… 133
6.3 居民参与的差异性分析 ………………………………………… 134
　　6.3.1 模型构建 ………………………………………………… 134
　　6.3.2 实证分析 ………………………………………………… 135
　　6.3.3 小结 ……………………………………………………… 138

第7章 结　语 …………………………………………………… 140
7.1 研究结论 ………………………………………………………… 140
7.2 对策建议 ………………………………………………………… 143

参考文献 ……………………………………………………………… 149

第 1 章 绪 论

1.1 研究背景

1.1.1 现实背景

20 世纪 90 年代以来，随着我国城市化进程的不断推进和城镇住房制度改革的日益深化，住宅小区成为城市居民的主要居住形态。在日常生活中，城市居民一般亲切地将住宅小区简称为小区。根据《辞海》的解释，小区是"城镇中由道路、铁路或自然分界线（如河道）所围合，以住宅为主体，并设有与居住人口规模相适应的、能满足该区域居民基本物质与文化生活所需公共服务设施（如菜场、商店、学校、活动场地等）的聚居区"。1994 年，在建设部出台的《城市新建住宅小区管理办法》中，小区是指"达到一定规模，基础设施配套比较齐全的新建居住小区或住宅组团"。简而言之，小区是一种城市居住空间的建筑样式。

小区的类型多种多样。如果以产权构成为划分标准，小区可以分为商品房小区、单位（房改房/集资建房）小区、政策性住房小区（如经济适用房、两限房、公共租赁房）、安置房小区等类型。[1] 本书重点关注这样一

---

[1] 郭于华，沈原. 居住的政治——B 市业主维权与社区建设的实证研究［J］. 开放时代，2012（2）：83-101.

种小区,即采用了建筑物区分所有权的产权安排,房屋业主可以依据《中华人民共和国民法典》(以下简称《民法典》)成立业主大会和业主委员会(以下简称"业委会")进行自主治理的小区。因此,本书研究的对象涵盖了绝大多数城市居民聚居区,即包括所有的商品房小区、部分单位小区、政策性住房小区和安置房小区。❶

为什么要关注此种类型的小区呢?我国《民法典》的规定,采用建筑物区分所有权的小区,住宅所有权人为业主,"业主对建筑物内的住宅专有部分享有所有权,对专有部分以外的共有部分享有共有和共同管理的权利"。这意味着我国法律规定这类小区是业主可以自主治理的私人空间。在具体形式上,业主可以自发地组织起来,设立业主大会,选举业委会,实现对小区公共事务的有效治理。然而,已有研究和实践均表明小区业主自主治理面临诸多困难。例如,业主缺乏治理小区所需的建筑、管理、法律和财务等方面知识;业主间缺乏信任,集体决策易受"搭便车"的影响;小区公共资源难以明确界定;小区公共维修资金匮乏等。❷ 上述困难导致小区极易陷入"公地悲剧"(tragedy of commons)和"反公地悲剧"(tragedy of anti-commons)的双重陷阱中。❸ 这里"公地悲剧"和"反公地悲剧"都是一种比喻。前者用以描述业主过度使用小区公共资源,造成公共资源加速老化、小区整体宜居性下降的情形。例如,群租房、居改非、违法搭建等问题。后者用以指代业主不作为造成的小区公共资源闲置或公共事务难以决策的情况。例如,业委会组建难、停车难、电梯维修难、公共维修资金使用难等问题。小区治理不当将降低城市居民的生活品质,影响业主的幸福感、获得感和安全感,对城市整体运行安全和社会稳

---

❶ 肖林. 业主社区的兴起及其自主治理 [J]. 中国治理评论, 2013 (2):42-64.

❷ CHEN S C Y, WEBSTER, C J. Homeownersassociations' collective action and costs of private governance [J]. Housing studies, 2005, 20 (2):205-220; JOHNSTONN R, REID S. Multi-owned developments: A life cycle review of a developing research area [J]. Property management, 2013, 31 (5):366-388; 张金娟. 住区业主集体行动的困境及其解决方案——关于业主集体行动的文献综述 [J]. 城市问题, 2017 (4):4-12.

❸ HASTINGS E, WONG S, WALTERS M. Governance in a co-ownership environment: The management of multiple-ownership property in Hong Kong [J]. Property management, 2006, 24 (3):293-308.

定造成威胁。因此，本书旨在通过理论分析和实证研究为破解小区治理困境提供参考性建议。

事实上，世界各国的经验都表明小区治理并不是一件容易的事。❶ 但与其他国家和地区相比，我国城市小区治理还面临一些特殊的困难和挑战。

首先，我国城市小区尤其是商品房小区大多采用"大面积＋高容积率＋高层设计"的开发模式。小区普遍规模大、体量大、居住人口多、公共事务复杂。高德地图发布的《2016 年度出行报告》就指出，全国 30 万个小区中，有 62% 的小区占地超 3 万平方米；有学者的调查也发现超大小区平均居住人口为 9.3 万人，占地面积 386 公顷。❷ 当前，7 层以上的住宅是我国城市住宅的主流形式，一些城市还存在 50 层以上的超高层住宅。"大面积＋高层设计"意味着小区的附属配套设施多，维修和保养成本高、难度大；"高容积率"意味着高密度的居住方式，导致更大的拥挤效应，居民需要频繁忍受邻居负外部性行为的干扰，物业矛盾纠纷多，邻里关系容易恶化。❸

其次，我国城市中有大批小区的建成环境已进入加速老化的阶段，这严峻考验着业主的自主治理能力。❹ 2000 年以前，我国老旧小区约有 17 万个，涉及居民上亿人。❺ 这些老旧小区大多存在多方面的硬件问题和软件问题。其中硬件问题表现为房屋破旧、市政配套设施老化、公共服务缺项等问题；软件问题表现为小区物业管理水平不高、没有建立起长期有效的运营和维护机制。2000 年以后至今建成的小区数量也非常多，这些新建小

---

❶ EASTHOPE H, NOUWELANT R, THOMPSON S. Apartment ownership around the world: Focusing on credible outcomes rather than ideal systems [J]. Cities, 2020, 97 (3): 102463.

❷ 吴晓林. 城中之城：超大社区的空间生产与治理风险 [J]. 中国行政管理, 2018 (9): 137–143.

❸ 王德福. 业主自治中积极分子的激励困境及其超越 [J]. 暨南学报 (哲学社会科学版), 2021, 43 (7): 77–86.

❹ 王德福. 中国式小区：城市社区治理的空间基础 [J]. 上海城市管理, 2021, 30 (1): 45–51.

❺ 国务院. 17 万个老旧小区将得到改造 [EB/OL]. (2019-07-03) [2022-03-28]. http://www.gov.cn/xinwen/2019-07/03/content_5405506.htm.

区共计提供了 10 823.8 万套住宅[1]，开发多采用"高周转、快销"模式。该模式重数量轻质量、重房屋建设轻后期管理；它产生的开发遗留问题就像不定时炸弹一样，随时有可能在后续管理中爆炸。有学者对中国裁判文书网公布的小区物业纠纷判决文书进行检索，他发现开发商遗留问题约占物业纠纷总数的70%，其中最为突出的是建筑物质量、公摊面积矛盾、开发商虚假承诺、规划变更问题。[2]

再次，我国城市小区治理还面临着快速变化的内外部环境。当前，我国正处于高速城镇化的阶段。第七次全国人口普查数据显示，居住在城镇的人口占总人口的63.89%；人户分离人口为 49 276.25 万人，其中市辖区内人户分离人口为 11 694.57 万人，流动人口为 37 581.68 万人。[3] 在人口快速流动的大背景下，一方面集体化社会日渐萎缩；另一方面个体意识不断增强。[4] 这具体表现为城市居民的市场意识、产权意识、利益意识都在不断觉醒，对小区治理质量和小区居住品质的要求也在不断提高。但人口在空间的快速集聚和流动不仅阻碍了小区居住共同体的形成，还产生了许多新问题。例如，安全管理、住改商、空心化、高空抛物、养犬争议等。[5]

最后，我国城市小区治理中长期存在一些治理主体缺位和治理主体间地位不平衡的双重问题。[6] 小区治理依托于建筑物区分所有权住宅的物业管理制度。而我国的物业管理最早是深圳在住房商品化改革中学习新加坡和中国香港地区经验时引入的，属于制度舶来品。随着我国城市基层社会管理体制由单位制、街居制向社区制转变，小区物业管理成为新的公共空

---

[1] 国家统计局. 国家数据年度数据固定资产投资和房地产房地产开发企业成套住宅竣工与销售情况 [EB/OL]. [2022 – 03 – 28]. https://data.stats.gov.cn/easyquery.htm? cn = C01.

[2] 孙铭成. 住宅小区物业管理纠纷的生成原因及应对措施 [J]. 上海房地, 2021 (2)：46 – 50.

[3] 国家统计局. 第七次全国人口普查公报（第七号）[EB/OL]. (2021 – 05 – 1) [2022 – 03 – 28]. http://www.stats.gov.cn/ztjc/zdtjgz/zgrkpc/dqcrkpc/ggl/202105/t20210519_1817700.html.

[4] 郑杭生，黄家亮. 当前我国社会管理和社区治理的新趋势 [J]. 甘肃社会科学, 2012 (6)：1 – 8.

[5] 吴晓林. 党建引领与治理体系建设：十八大以来城乡社区治理的实践走向 [J]. 上海行政学院学报, 2020, 21 (3)：12 – 22.

[6] 田先红，张庆贺. 再造秩序："元治理"视角下城市住宅小区的多元治理之道 [J]. 社会科学, 2020 (10)：94 – 106.

间，社会力量和市场力量逐渐崛起成为重要的治理主体。❶ 理论上，居民委员会（以下简称"居委会"）、业委会和物业服务企业能够合作，成为小区治理的三驾马车。❷ 但实践中，由于相关制度、政策、法律等正式规则供给不足，小区治理中大多存在主体缺位和主体间关系很难理顺的问题。

时至今日，仍然有大量小区没有实施专业化的物业管理；在实施专业化物业管理的小区中，成立业委会的小区也是少数。例如，2020 年北京有 10 213 个小区，实施了专业化物业管理的小区为 4772 个，成立业委会的小区为 1216 个。❸ 2020 年广州有 8370 个小区，其中有专业化物业管理的小区约占 40%，成立业委会的小区是 965 个。❹ 2019 年海口有 2868 个小区，实施专业化物业管理的小区为 1573 个，成立业委会的小区为 386 个。❺ 2020 年南宁市有 3212 个小区，有专业化物业管理的小区为 1626 个，成立业委会的小区为 389 个。❻ 在实施专业化物业管理的小区，还普遍存在"强物业弱业主"的现象。近年来，涉及物业服务企业的物业纠纷和针对物业服务企业的业主维权行动都呈现快速增长的势头。物业纠纷和业主维权正成为影响城市基层社会稳定的一大隐患。❼

虽然我国小区治理面临着一些特殊的困难和挑战，但同样也迎来了重大的发展机遇。党的十八大以来，党的执政理念和政策思路在社会领域全

---

❶ 张磊，刘丽敏. 物业运作：从国家中分离出来的新公共空间国家权力过度化与社会权利不足之间的张力 [J]. 社会，2005（1）：144-163.

❷ 李友梅. 城市基层社会的深层权力秩序 [J]. 江苏社会科学，2003（6）：62-67.

❸ 中国经济网.《北京市物业管理条例》实施 3 个月小区管理发生可喜变化 [EB/OL].（2020-08-13）[2022-03-28]. https://baijiahao.baidu.com/s?id=1674866187515148698&wfr=spider&for=pc.

❹ 广州日报. 广州已成立 965 个业委会，力争今年实现全覆盖 [EB/OL].（2020-04-16）[2022-03-28]. https://baijiahao.baidu.com/s?id=1664168830596638375&wfr=spider&for=pc.

❺ 海南日报. 海南小区业委会成立比例不到三成，"难产"业委会 [EB/OL].（2019-07-19）[2022-03-28]. http://big5.xinhuanet.com/gate/big5/www.hq.xinhuanet.com/news/2019-07/19/c_1124771825.htm.

❻ 南宁市住房和城乡建设局. 南宁市住房和城乡建设局对市十四届人大五次会议第 2 号代表建议的答复——南住建函〔2020〕2500 号 [EB/OL].（2020-04-16）[2022-03-28]. http://zjj.nanning.gov.cn/xxgk/zcfgyzcjd/zcwjcx/t4901177.html.

❼ 王德福. 物业纠纷刚性化及其化解机制 [J]. 北京工业大学学报（社会科学版），2019，19（6）：21-27，55.

面提升,提出了社会治理的重大命题。随后,城乡社区治理被列为党和国家执政的重要工作内容。社区治理话语全面取代社区建设话语。基层社会治理体系开始倡导"自治、法治、德治"三治融合,力图打造"共建、共治、共享"的基层社会治理新格局。2017年,中共中央、国务院出台了《关于加强和完善城乡社区治理的意见》。这是城乡社区治理领域的纲领性文件,表明社区治理中的多元主体的合作共治建设是当前社区治理的核心任务。2019年,党的十九届四中全会提出要建设:"人人有责、人人尽责、人人享有的社会治理共同体。"2019年,中共中央办公厅印发了《关于加强和改进城市基层党的建设工作的意见》,提出:"建立党建引领下的社区居民委员会、业主委员会、物业服务企业协调运行机制,充分调动居民参与积极性,形成社区治理合力。"2020年,住房和城乡建设部等部门联合印发《关于加强和改进住宅物业管理工作的通知》,指出:"小区是居民生活的主要空间,是基层社会治理的重要内容",提出要"健全业委会治理结构。"2022年,中央组织部等四部委印发的《关于深化城市基层党建引领基层治理的若干措施(试行)》提出:"及时推动辖区内居民小区建立业主委员会,推动符合条件的业主委员会设立党支部或党小组,对未成立业主委员会的,由社区'两委'指导组建物业管理委员会。"这些文件共同表明:在国家不断推进城市基层社会治理体系和治理能力现代化的当下,小区治理迎来了更好的政策支持和发展环境。

1.1.2 理论背景

20世纪60年代以来,随着封闭小区在世界范围内蔓延,小区治理成为国内外许多学科共同关注的重要现象。❶ 就英文文献来看,学者最初关注美国的封闭小区治理,后来逐步扩展到加拿大、澳大利亚、英国、俄罗斯、印度、新加坡、韩国、越南、马来西亚、中国等国家。❷

---

❶ 刘晔,李志刚. 20世纪90年代以来封闭社区国内外研究述评[J]. 人文地理,2010,25(3):10-15.

❷ HE S J. Homeowner associations and neighborhood governance in Guangzhou, China [J]. Eurasian geography and economics, 2015, 56 (3): 260-284.

国外封闭小区治理研究可以划分为四个研究方向，各有其侧重点。一是研究封闭小区兴起的动因。这部分研究通过比较不同国家和地区的城市规划、建筑文化、房地产法律、政府公共服务取向、城镇化阶段等因素，探讨封闭小区出现及蔓延的驱动力。❶ 二是，探讨封闭小区内部的公共品生产。这部分研究将封闭小区治理看作是一种基于集体产权的新型管治模式。它能够生产只服务于小区内部居民的公共品，该公共品具有俱乐部产品和地域性集体品的特征。❷ 国外学者尤其是美国学者普遍认为小区治理中的业主组织（homeowners association）与政府管治有很多相似之处，因而它可以被看作微政府或私人政府（private government）。❸ 三是分析封闭小区这种新型居住形态的外部效应，即它对已有的政治、经济、社会和空间系统的影响。美国学者麦肯齐·埃文（McKenzie Evan）独著的《私有乌托邦：业主组织和住宅私人政府的兴起》，以及美国学者布莱克利·爱德华等（Blakely Edward et al）撰写的《堡垒美国：美国的封闭社区》奠定了研究的基调，构成后续研究理论对话的逻辑起点。学者们考察了封闭小区对公民参与、社区公共服务供给、政治投票、社会隔离、居住隔离的影响。❹ 四是研究封闭小区的日常管理。这部分研究的对象既包括澳大利亚、新加坡、越南等亚洲国家的小区，也包括中国香港地区、中国台湾地区的小区。❺ 其研究重点并不只在"封闭"，而更多的是探讨高密度多层的建筑形式下，如何有效地进行小区治理，营造健康安全、舒适宜居、绿色智能的居住环境。

---

❶ WEBSTER C. Gated cities of tomorrow [J]. Town planning review, 2001, 72 (2): 149-170; CSÉFALVAY Z, WEBSTER C. Gates or no gates? A cross-European inquiry into the driving forces behind gated communities [J]. Regional studies, 2012, 46 (3): 293-308.

❷ CHEN S C Y, WEBSTER C J. Homeowner associations' collective action and costs of private governance [J]. Housing studies, 2005, 20 (2): 205-220.

❸ MCCABE B C. Homeowners' associations as private governments: What we known, what we don't know, and why it matters [J]. Public administration review, 2011, 71 (4): 535-542.

❹ CLAKE W, FREEDMAN M. The rise and effects of homeowners associations [J]. Journal of urban economics, 2019 (12) 1-15.

❺ HE S T. Homeowner associations and neighborhood governance in guangzhou China [J]. Eurasian Geography and Economics, 2015, 56 (3): 260-284.

国内也有学者探究了我国封闭小区的起源[1],分析了业委会的性质[2],探究了我国封闭小区的外部效应[3]。研究表明,虽然在产权设计上,国内外的封闭小区大致相同,即整合了"住房所有者和集体品提供者",但中西方的封闭小区仍然有着较大差异。首先,我国绝大多数小区都是封闭式的。[4] 其次,西方业主组织是具有公司制特点的法定组织,我国业主组织是具有"草根"特点的松散团体,两者在组织化程度、法律支持、治理角色定位、民主化程度上都存在很大的不同。[5] 最后,由于封闭小区无处不在,我国城市居民对此已习以为常,由物理"门禁"引致的所谓空间隔离、居住隔离问题在我国城市治理情境下并不被重视。[6] 当然,我国封闭小区也存在空间负外部性,这主要表现在城市交通上。2016 年 2 月 21 日中共中央、国务院印发了《关于进一步加强城市规划建设管理工作的若干意见》就曾提出:"新建住宅要推广街区制,原则上不再建设封闭住宅小区。已建成的住宅小区和单位大院要逐步打开,实现内部道路公共化,解决交通路网布局问题,促进土地节约利用。"总的来说,由于中外国情有别,国外相关的研究并不能很好地用来解释我国小区治理中存在的问题。

从国内研究来看,早期的研究更多聚焦于小区治理中的业主维权现象。这部分研究从国家－社会关系的视角出发,利用中产阶层理论、冲突理论、居住政治理论等理论工具探讨业主维权行动的起因、行动过程、行动策略、行动结果、行动意义及政府的管控方式。这些研究以中国社会转型为背景,重点关注了城市基层社会秩序的变迁。它们将小区视作业主维

---

[1] 唐乐. 语境分析下中国封闭小区的实质 [J]. 现代城市研究, 2017 (7): 60 – 65.

[2] 何深静, 汪坤. 广州商住小区业委会发展特征、治理效能及其影响因素 [J]. 热带地理, 2015, 35 (4): 471 – 480.

[3] DOUGLASS M, WISSINK B, KEMPEN R V. Enclave urbanism in China: Consequences and interpretations [J]. Urban geography, 2012, 33 (2): 167 – 182.

[4] YIP N M. Walled without gates: Gated communities in Shanghai [J]. Urban geography, 2012, 33 (2): 221 – 236.

[5] GAO W. Homeowner associations in China's condominium governance [M] // LIPPERT R K, TREFFERS S, Condominium governance and law: Global urban perspectives. New York: Taylor &Francis, 2021: 115.

[6] DENG F. Gated community and residential segregation in urban China [J]. Geojournal, 2015, 82: 231 – 246.

权事件的发生场所,借以观察国家和社会关系的变化,旨在描述国家和社会二者的互动,回应社会转型的时代命题。❶ 当前我国已进入新时代,正处于政治稳定、经济繁荣、创新活跃、制度优势明显的时期。时代变迁使得转型视角下的业主维权研究并不能很好地指导当前小区治理体系和治理能力的建设。

党的十八大以来,随着社区治理话语全面取代社区建设话语,业主在小区治理中的主体地位得到了国家层面的认可和肯定。小区治理研究开始破除"国家-社会二分论""社会中心论"的迷思,走向了多元共治的维度。这些新近的研究可以分为以下两类:一是问题导向型研究,主要关注小区治理中的具体问题。例如,业委会的建立和运作❷、更换物业公司❸、小区治理中积极分子的激励❹、物业纠纷化解❺、物业管理立法❻等问题。这种问题导向的研究虽然能为具体问题的解决提供一种可行的方案,但方法和技术上的修修补补并不能解决根本性问题,难免陷入"头痛医头、脚痛医脚"的困境。二是从治理主体能力和治理主体间关系的入手破解小区治理的乱象。❼ 这部分研究认为,小区业主自主治理意识不足,参与治理意愿不强治理过程中集体行动能力有限导致小区治理水平低下,主张引入外部力量(如党组织、政府职能部门、社区社会组织等)重构小区治理模式,进而提升小区治理效能。诚然,外部力量的引入能在短期内快速提升小区治理的水平。但长期来看,外部力量不能完全替代小区业主的自主治理。首先,完全由外部力量主导有悖于当前"自治、法治、德治""共建、

---

❶ 肖林."'社区'研究"与"社区研究"——近年来我国城市社区研究述评[J]. 社会学研究,2011,26(4):185-208,246.

❷ 胡仕林. 元治理视角下业主委员会"成立难"探析[J]. 云南行政学院学报,2021,23(1):78-84.

❸ 张金娟. 业主大会更换物业服务企业的原因分析[J]. 上海房地,2021(11):24-27.

❹ 王德福. 业主自治中积极分子的激励困境及其超越[J]. 暨南学报(哲学社会科学版),2021,43(7):77-86.

❺ 仇叶. 住宅小区物业管理纠纷的根源——基于合同治理结构变形与约束软化视角的解读[J]. 城市问题,2016(1):78-84.

❻ 宋伟哲. 物业管理立法的困境与路径[J]. 城市问题,2020(2):73-81.

❼ 田先红,张庆贺. 再造秩序:"元治理"视角下城市住宅小区的多元治理之道[J]. 社会科学,2020(10):94-106.

共治、共享"的社会治理基本原则。其次，因资源有限，外部力量无法长期全面负责小区的各项具体公共事务。再次，外部力量的过分介入会助长小区业主的依赖心理，增加社会治理的成本和负担。最后，小区公共事务的复杂性也决定了其治理过程需要业主的地方知识和积极参与。因此，充分认识业主自主治理的重要性，激发业主参与小区治理的内生动力，才是破解小区治理困局的关键。

1.2 研究内容

小区治理是一个综合性问题，受到政治学、社会学、经济学、管理学、城市规划学等多个学科的共同关注。本书以小区治理为研究对象，重视业主自主性在小区治理中的重要作用，其研究内容包括理论分析和实证分析两个部分。

1.2.1 理论分析

理论分析是指研究者发现一个有趣的实践现象，检索和研读相关文献，得出文献中关于这一现象有哪些已知和未知知识的过程。理论分析需要研究者在文献检索中构造出适用于实践现象的理论分析框架。该分析框架能够整合已有知识，指导研究者对实践现象进行深入的解读。理论分析需要研究者给出描绘实践现象的核心概念，并确定概念之间的联系，从而验证理论预测和实践现象的吻合度。理论分析的最终目的是理论验证或理论构建。前者致力于深化和整合已有知识；后者致力于繁衍和创造新知识。

以小区治理为研究对象，理论分析主要集中在以下四个方面。一是系统整理与小区治理有关的文献。按照研究视角，将已有文献划分为国家－社会关系、业主维权、业主自治、公共池塘资源治理和多元主体共治五个类别。文献整理发现目前五种研究视角有交叉融合之势，但并未重视从业主主体视角出发，廓清小区治理的本质。换言之，已有的研究无法回答以下问题——小区治理是物业管理吗？是社区治理吗？小区治理的边界究竟在哪里？新时代我国小区治理有什么特点？小区治理受到哪些因素的影响？二是，整合已有研究发现，厘清与小区治理相关的一系列重要概念，包括小区治理、业主自主治理、居民自治意识、居民参与行为、小区治理绩效、业委会治理绩效、小区居民满意度等。概念的厘清有助于我们更准确地描述小区治理现象。三是，在明确概念的基础上，给出概念操作化的方法，如小区治理绩效评价方法、居民自治意识测量量表、居民参与行为测量量表、业委会治理绩效评价方法、居民满意度评价方法等。四是，分别讨论小区治理绩效、业委会治理绩效、居民自治意识、居民参与行为、居民满意度的影响因素。通过以上四个方面的工作，本书整合深化了小区治理理论。

1.2.2 实证分析

实证分析主要是通过对资料和数据的分析，验证理论分析中提出的核心观点和关键假设，进而增加理论分析的科学性和有效性。实证分析可以是质性分析也可以是量化分析。其重点在于强调资料和数据，从资料和数据中归纳知识和经验。通过文献综述，本书发现以往研究大多是案例研究和小样本的定量研究。这些研究并没有充分厘清小区治理的基本事实。因此，笔者通过大规模的实地调查，获取了大量与小区治理相关的真实数据，旨在描绘小区治理的现实情况。收集的数据包括：①典型城市业委会的成立现状；②典型城市业委会联盟情况；③小区治理绩效；④居民自治意识水平；⑤居民参与治理行为；⑥居民对业委会的认知和参与意愿；⑦居民参与老旧小区改造的意愿和物业服务消费意愿。

借助统计软件对以上数据进行分析，本书重点回答了以下具体的研究问题。问题一：小区治理绩效是否受到小区物理特征的影响（如规模、年龄、建筑样式）？问题二：阶层理论和建构理论两种竞争性理论在解释居民自治意识的生成中谁更有解释力？问题三：共同利益模型是否可以用来解释小区治理中的居民参与行为？哪些变量是核心解释变量。对上述问题的回答，印证了理论分析的结果，也间接推进了对小区治理的认识。

1.3 研究方法

本书遵循实证主义的研究范式,采用了定量分析为主的研究策略。主要的研究方法包括资料收集方法和统计分析方法。

1.3.1 资料收集方法

本书所需资料包括国内外文献、政府统计资料、协会报告,主要通过查找高校文献数据库和访问相关网站获取。资料获取方法,如表1-1所示。后续相应章节对数据收集过程有非常详细的介绍,附录中也会展示调查问卷。

表1-1 数据的收集方法

数据类别	获取方法
典型城市业委会的成立现状	网络查找政府公告、新闻报道、文献
典型城市业委会联盟情况	网络查找政府公告、新闻报道、文献
小区治理绩效	小区实地勘察、深度访谈、申请政府信息公开
居民自治意识水平	线下问卷调查
居民参与治理行为	线下问卷调查
居民对业委会的认知和参与组织运作的意愿	线上问卷调查
居民参与老旧小区改造的意愿与物业服务消费意愿	线下问卷调查

1.3.2 统计分析方法

本书采用SPSS24.0软件对数据展开分析,所使用的统计分析方法及其用途,如表1-2所示。后续章节对方法的实施过程及软件模块选择有详细的介绍,此处也不再赘述。

表1-2 本书使用的统计方法名称及其用途

统计方法名称	用途
关键绩效指标法	应用于设计小区治理绩效评价方法、业委会治理绩效评价方法、居民满意度评价方法
交叉列联表分析和方差分析	应用于分析小区治理绩效的差异
文本分析法	应用于分析文献，厘清居民自治意识的概念
探索性因子分析法	应用于检验居民自治意识量表的信效度
多元线性回归分析法	应用于分析小区治理绩效、居民自治意识、居民满意度的影响因素
负二项回归分析法	应用于分析居民参与行为的影响因素

1.4 主要贡献及不足

1.4.1 主要贡献

本书的第一个主要贡献在于辨析了小区治理的概念，强调小区治理的重点在于业主自主治理。其从建筑物区分所有权物业管理的内在要求入手，讨论了小区治理的内涵、模式、阶段性特征、目标、过程特点、制度保障要求，抓住小区治理依托业主组织这一组织架构，比较了业主组织和居委会组织、我国业主组织与国外业主组织，并在比较中揭示了小区治理的特点，形成了一套描述小区治理现象的概念体系。本书的第二个主要贡献在于其为分析小区治理提供了理论模型和研究工具。具体来看，本书构建了小区治理绩效的评价工具，设计了测量居民自治意识的量表，划分了居民参与行为的类型，验证了共同利益模型在分析居民参与行为中的解释力。本书第三个主要贡献是提出了优化当前小区治理的政策建议。本书第四个主要贡献是在总结国内外优秀经验、把握我国小区治理阶段性特征的基础上，提出了优化当前政策的可行性方向并给出了可操作性的建议。

1.4.2 不足之处

本书的不足之处主要有四个方面：一是虽然讨论了与小区治理相关的一些概念，但还未充分讨论概念之间的联系，例如，居民自治意识对小区治理绩效的影响、居民参与水平对小区治理绩效的影响等；二是受新型冠状病毒肺炎疫情影响，实地调研集中在南宁市，没有扩展到其他城市，导致研究结论的推广性存在一定的不足；三是主要从业主视角出发，探讨小区治理问题，该视角具有一定的局限性；四是受篇幅限制，未能触及一些非常重要的话题，如未来小区治理的重点、业委会职能问题及转型问题。本书在这些方面的不足将成为后续研究可以推进的方向。

第 2 章　理论研究和经验发现

本章系统地梳理了与小区治理相关的文献。首先，借助国内外重要文献数据库展示已有研究的整体特征和趋势。其次，根据研究视角将相关文献分为国家－社会关系、业主维权、业主自治、公共池塘资源治理和多元共治五个类别进行整理。最后，指出当前研究的不足和未来进一步拓展的方向。

2.1　小区治理研究概览

2.1.1　国内研究特点及趋势

从业主视角出发，国内学界与小区治理相关的词语有"业主集体行动""业主自治""业主维权""业主组织""业主委员会""业委会"。2021年7月21日，以"业主集体行动""业主自治""业主维权"为主题词，以"业主组织""业主委员会""业委会"为关键词在中国知网展开检索。检索共得到1.27万条结果，其中学术期刊类别5983条，学位论文类别1020条，会议论文/报道类别702条，报纸新闻类别3915条。

下面就学术期刊类别的检索结果展开分析。5983篇学术期刊论文的发表时间为1989—2021年，时间跨度为32年。各年度发表的学术期刊论文数量变化趋势如图2-1所示。1989—2003年论文数量稳步增长；2003—2007年论文数量急剧增长并达到峰值；2008—2021年论文数量有小幅下降，但总体稳定在200篇以上。这些论文分散在政治学、社会学、经济学、管理学和法学等领域，主要涉及宏观经济管理与可持续发展（3379篇）、行政法及地方法制（1022篇）、中国政治与国际政治（658篇）、社会学及统计学（208篇）、法理与法史（155篇）、行政学及国家行政管理（129篇）、建筑科学与工程（105篇）等细分方向。由此可见，小区治理是国内学界众多学科共同关注的重要议题。

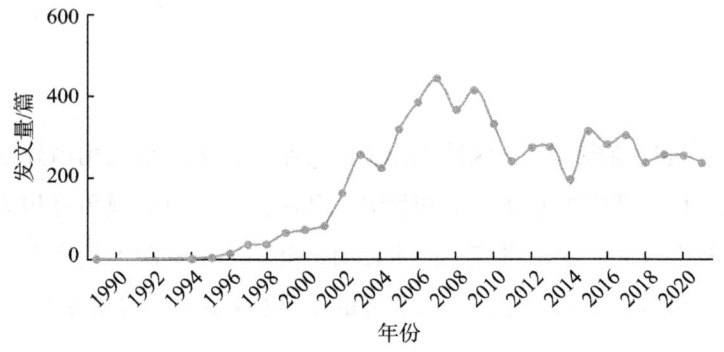

图2-1　小区治理相关文献的年度发表趋势

以主题词对学术期刊类别的检索结果展开分析。如图2-2所示，排名第一的主题词是"物业管理"（871篇）。物业管理可以简单理解为"对物业的管理"。依据所管理的物业类型，物业管理可以分为住宅物业管理和非住宅物业管理。其中住宅物业管理与小区治理密切相关。随着我国住房制度改革的推进，住宅物业管理逐步从行政性的管理模式向市场化的专业管理模式过渡。这里市场化的专业管理模式是指由物业服务企业对小区实施契约式、多层次和综合性的管理。在该模式下，小区业主与物业服务企业签订物业服务合同，结成委托-代理关系，业主通过付费享受物业服务。过去四十年来，我国市场化的专业管理模式逐渐成为住宅物业管理的主流模式。因此，谈及小区治理时，物业管理就成为绕不开的话题。

排名第二、第三、第四的主题词分别是"业主委员会"（684篇）、"业委会"（420篇）、"业主大会"（175篇）。业委会是由业主选举产生的业主大会执行机构，负责执行业主大会的决定事项、召集业主大会会议、代表业主与业主大会选聘的物业服务企业签订物业服务合同、监督和协助物业服务企业履行物业服务合同等工作。根据《民法典》，业主大会和业委会是代表全体业主参与小区管理的唯一合法性组织。其中，业主大会是由小区全体业主组成，代表和维护全体业主在小区物业管理中的合法权利，履行相应的义务。随着业主自治意识的觉醒，小区治理中业主自治的成分越来越多，因而相关研究中涉及业主自治主题的文献也越来越多。

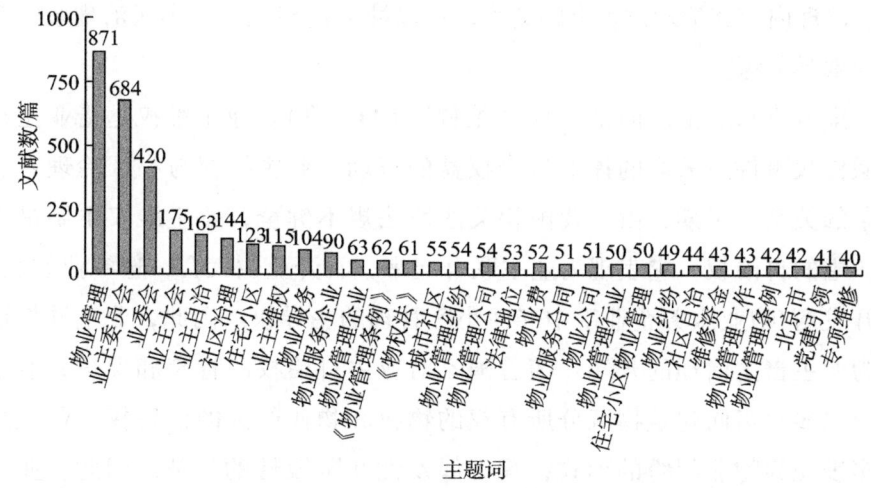

图 2-2　小区治理相关文献的主题词分析

排名第五的主题词是"业主自治"（163 篇）。业主自治是小区业主基于建筑物区分所有权的物权，以业主大会和业委会为依托，依据制度规范，自主管理小区公共事务的过程。其基本目标是加强对房产的使用和管理，维护小区秩序，营造良好的居住环境。业主自治是城市住房商品化、住房产权个人化、政府和单位退出房产日常维护和管理、物业管理市场发展的结果。业主自治也是小区共有财产和共有设施有效管理的内在要求。小区治理离不开业主的参与，因此规范和完善业主自治，发挥业主自治机制的作用，能够提升小区治理的水平。

排名第六的主题词是"社区治理"（144 篇）。小区治理和社区治理有着多维关联。如果将社区定义为聚居在一定地域范围内的人们所组成的社会生活共同体，那么小区可以看作是社区的一种类型，小区治理可以简单看作是社区治理。如果将社区定义为经过社区体制改革后做了规模调整的居委会辖区,将社区治理看作是党、政府、居委会、社区组织、居民等多元主体通过协调合作有效供给社区公共物品满足社区需求的过程,那么小区治理既是国家社区治理的对象,也是社区治理的重要组成部分。近年来,党中央、国务院多次召开会议,出台了多项关于社区治理的规范性文件,显示出国家对社区治理的重视。由于社区治理与小区治理存在治理空间、治理内容和治理过程上的交叉,所以社区治理也是与小区治理紧密联系的重要主题。

排名第八的主题词是"业主维权"(115篇)。业主维权是指业主在遭遇侵权事件后采取的捍卫自身权益的行动。业主维权与小区治理有着复杂的关系。早期,由于我国相关法律法规不健全,业主维权主要是维护业主的自治权。它表现为业主联合起来,召开业主大会,选举业委会,从开发商/物业服务企业手中夺回小区管理的主导权。因此,业主维权被视为业主自主治理的开端。随着国家对业主自治权的肯定和保护,业主维权更多地指向建筑物区分所有权的物权和物业服务的消费权。业主维权多表现为物业纠纷的形式,具有偶发性和阶段性的特征。因此,业主维权可以被视为小区治理的非常规事项,是小区治理的主要内容之一。

综上可知,"物业管理""业主委员会""业主自治""社区治理""业主维权"是与小区治理最为相关的主题词。如图2-3所示,"物业管理"和"业主委员会"贯穿始终,而"业主维权""业主自治""社区治理"是2003年后才出现的重要主题词。党的十八大以来,随着社区治理上升为党和政府的重要工作内容,小区治理与社区治理的联系进一步加强。2020年,以"社区治理"为主题词的文献有23篇,远远超过其他主题词的文献数量。

2.1.2 国外研究特点及趋势

在西方社会,与建筑物区分所有权住宅相对应的概念是共有产权住宅。共有产权住宅的形式多种多样,包括封闭小区(gated community)、公寓大厦(apartment building)、共有产权住宅(multi-owned residentialbuilding/housing)、集合住宅(condominium)、分契业权住宅(strata – titled development)、合作公寓（housing cooperative）、多户家庭住宅（multi-family residential building）、共同所有住宅（co-ownership residential building/housing）、分单位住宅（unit titledevelopment）、共有产权建筑（commonhold development）。笔者以科学网（Web of Science）这一重要外文数据库为对象，采用两种策略展开文献检索。策略一：以共有产权住宅和治理或管理作为主题词进行检索。策略二：采用与业主大会和业委会概念相对应的主题词进行检索，即以业主组织（homeowners association）、业主法团（owners corporation）、法人团体（body corporate）、共同持有协会（commonhold association）、管理法团（management corporation）为主题词进行检索。在这两种策略下，共计检索得到学术期刊论文结果1648项，会议论文结果88项，其他类型结果192项。

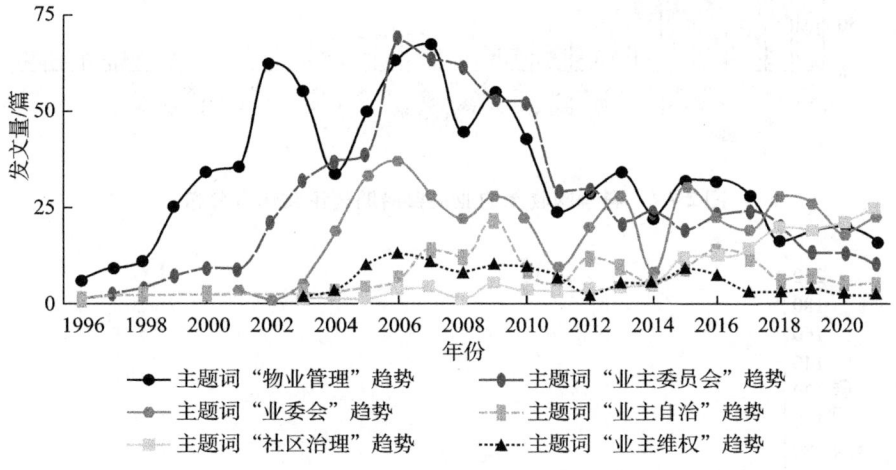

图 2 - 3　不同主题词的发文量趋势

下面主要就学术期刊论文检索结果展开分析。首先，检索结果显示论文作者分布在全球100多个国家和地区。这反映出共有产权住宅治理问题是世界各国普遍存在的问题。如图2-4所示，论文发表数量排名靠前的国家是美国、中国、加拿大和英国，说明这些国家的学者比较关注共有产权住宅的治理问题。其次，如图2-5所示，检索结果表明，论文的发表时间跨度约为46年，发文量呈现逐年增加的趋势；尤其是2008

年金融危机后,论文数量呈现加速增长的趋势。这反映国外学者对共有产权住宅治理议题的关注是持续而密切的。最后,如图2-6所示,检索结果指出论文不仅来自于社会科学领域,还来自于自然科学领域。排名前六的是细分领域分别是环境科学、地理学、城市研究、工商管理、公共行政和行政法。

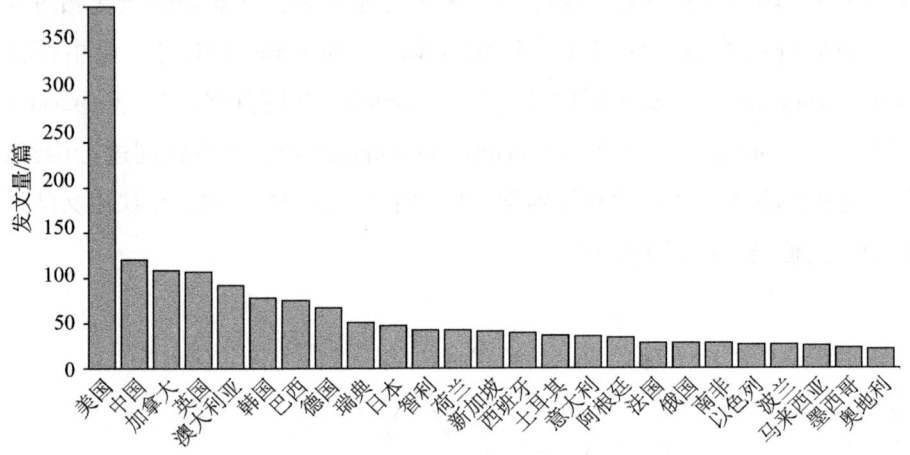

图2-4　科学网收录的业主自治期刊论文作者分布

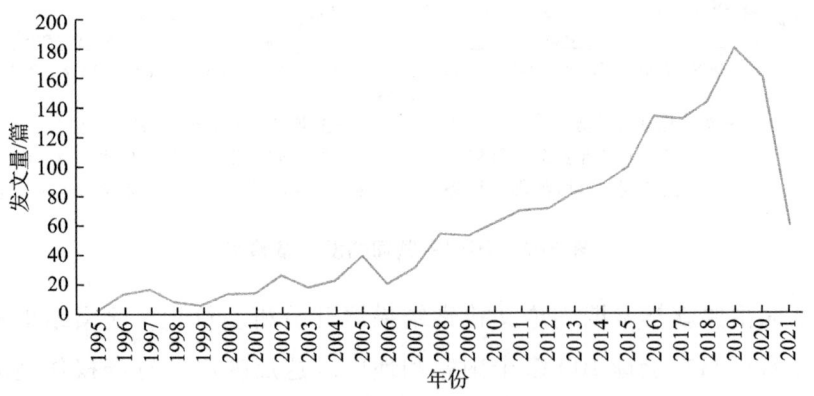

图2-5　科学网收录的业主自治期刊论文发表年度趋势

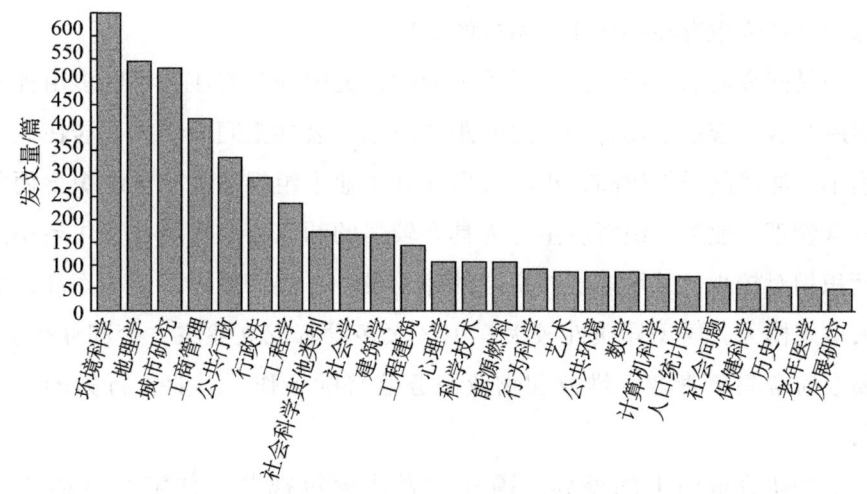

图 2-6 科学网收录的业主自治期刊文献的学科分布

为了更好地把握外文文献在共有产权住宅治理方面的研究特点,选择地理学、城市研究、公共行政、行政法和社会学五个领域的引用率排名前 30 的论文展开关键词分析,发现以下关键词是高频词。包括地方性(localism)、社区归属感(sense of community)、地方依恋(place attachment)、绅士化(gentrification)、空间区隔(spatial segregation)、居住满意度(residential satisfaction)、共有住宅权力分配(power relationship)、居住/社会隔离(residential/social segregation)、私人治理(private governance)、安全诉求(fear of crime)、集体行动(collective action)、城市主义(urbanism)、空间私有化(privatization of cities)、城市规划(urban planning)、产权(property rights)、房价(housing price)、城市蔓延(urban sprawl)、郊区化(sub-urbanization)、封闭住宅的兴起(rise of gated communities)、委托代理(principal-agency problem)、居民参与(residents engagement)等。从这些高频关键词可以看出,国外学者更为关注的是城市治理问题在共有产权住宅治理上的投射,以及业主如何通过自主治理应对城市生活中的问题。

2.1.3 国内外研究的比较

20 世纪 80 年代以来,小区治理成为国内外学者共同关注的重要现象。

但国内外研究也存在一些比较明显的差异。

一是研究对象上的差异。以美国为例,美国的共有住宅小区多由独户室房屋组成,容积率低,房屋之间距离较远,公共空间面积大,居住人口规模小,居民同质性较高;小区大多成立了业主组织,由业主组织全面负责日常管理;业主组织对业主行为具有较强的约束力。我国共有住宅小区总面积相对较小,采用多层或高层的建筑设计,楼间距近,容积率高,居住人口规模大,居民异质性较大;小区大多没有成立业主大会和业委会;业委会通常只负责业主维权和物业服务监督的工作,对业主行为的约束力弱。

二是研究取向上的差异。国外学者比较重视共有住宅小区的"门禁"属性,重点关注了共有住宅小区对城市居住隔离乃至社会隔离的影响。此外,国外学者比较关注业主组织这种管治模式对基层社会治理的影响,即主业组织是否会降低住户参与社区层面乃至国家层面公共事务的积极性,形成制度主义、社群主义、城市批判理论和新古典经济学四种研究范式。❶ 不同于国外学者,国内学者不太关注"门禁"属性对小区治理乃至社区治理和城市治理的影响。国内学者更多关注业主群体、制度安排等因素对小区治理的作用。此外,我国业主组织普遍存在发育不足,能力不够的情况。小区治理依赖党、政府、社区组织等多方力量的介入和支持。因此,如何在小区场域实现多元主体合作共治是更为重要的话题。

三是研究方法上的差异。国外学者多采用量化分析方法,结合理论建立数学模型来揭示变量间关系。采用量化分析方法的文献几乎占了检索结果的1/3。而国内学者主要采用质性分析方法,常见的是个案分析方法和小样本的案例比较分析法。研究方法的不同导致研究结论的适用性存在差异。

---

❶ 李利文. 国外业主组织研究的范式、流派及其发展趋势 [J]. 国外理论动态,2016 (5):123-132.

2.2 已有研究发现

由于中西方在经济、社会、政治、文化和历史上的差异，小区治理在中西方语境下的意义、功能和影响也并不相同。本节采取以中文文献为主、英文文献为辅的策略细致地整理相关研究。以往研究视角将这些文献分为国家-社会关系、业主维权、业主自治、公共池塘资源治理和多元共治五个类别。

2.2.1 国家-社会关系

改革开放以来，我国基层社会发生了巨大的变化。国内外学者敏锐地注意到了这一变化并对此展开了深入研究。就城市社区研究来看，学者们以单位制的建立和解体为讨论起点，转向城市社区的重构、建设和治理。其中，国家-社会关系是主流视角，它反映学者们对城市社区变迁中国家基层政权建设和社会发育两个并行过程的关切。小区是城市社区中的基本空间单元，学者们常常会以小区为重要场域研究国家-社会关系的变化。这些研究分为以下三个方向。

1. 社会中心说

社会中心说主张发展的动力存在于社会之中，国家对于社会是一种约束，应该减少国家对社会的干预。❶从社会中心说的基本观点出发，许多学者注意到住房商品化有可能在我国城市社区中造就以地域为基础，以居住共同利益为纽带的城市生活共同体。❷顺应该思路，学者们开始寻找城市社区中的"社会"元素。一些学者对居委会这一基层群众自治组织展开分析，探寻居委会摆脱行政化实现社会化的可能性。而另一些学者将目光投向了业委会。彼时，业委会还处于萌芽期，呈现出原生的维权状态。这

---

❶ 张静. 国家与社会 [M]. 杭州：浙江人民出版社，1998.
❷ 肖林. 业主社区的兴起及其自主治理 [J]. 中国治理评论，2013 (2)：42-64.

一时期,学者们主要探讨了业委会和业主维权的意义。

业委会的意义。桂勇认为业委会是建立在个人利益基础上的民间性自我组织,能够促进业主的自我管理,维护业主的利益;业委会可以促进城市居民的自我组织意识和公民权益意识。❶夏建中提出业主通过业委会就社区公共事务展开讨论和建议,建构了非政治形式但具有政治功能的社区公共领域。❷张静指出业委会是一种社会组织,能够在城市社区中建立起公共活动空间。❸邓锋认为我国居民甚少参与公共事务,业主可以通过参加业委会活动提高对地方公共事务的兴趣。❹

业主维权的意义。邹树彬认为业主维权能够培养业主的民主习惯和自治能力,激发公民的参政热情,改变传统城市社区治理机构及运行机制。❺徐道稳认为业主维权涉及业主、政府、开发商、物业服务企业等多个主体间的利益关系,是以产权为基础、以业主自治为诉求的新型民主形式。❻沈原认为业主维权是业主将居住权利从法权上的界定转变为空间上的建构和治理上的组织化。❼管兵发现业主通过维权习得了民主经验,增强了民主意识。❽孙小逸和黄荣贵指出维权中业主权利意识的觉醒将影响城市基层社会治理。❾

上述研究指出业主开始从私人领域走出来,就共同关注的小区管理问题展开讨论和行动;这种讨论和行动有迹象成为一股推动我国城市的公共

---

❶ 桂勇. 略论城市基层民主发展的可能及其实现途径——以上海市为例 [J]. 华中科技大学学报(社会科学版), 2001 (1): 24 - 27.

❷ 夏建中. 北京城市新型社区自治组织研究——简析北京 CY 园业主委员会 [J]. 北京社会科学, 2003 (2): 88 - 94.

❸ 张静. 培育城市公共空间的社会基础——以一起上海社区纠纷案为例 [J]. 上海政法学院学报, 2006 (2): 7 - 16.

❹ 邓锋. 我国封闭式小区与西方私有社区比较研究 [J]. 城市问题, 2011 (11): 2 - 8.

❺ 邹树彬. 城市业主维权运动:特点及其影响 [J]. 深圳大学学报 (人文社会科学版), 2005 (5): 44 - 49.

❻ 徐道稳. 业主维权何以成为"运动" [J]. 南风窗, 2005 (19): 52 - 53.

❼ 沈原. 走向公民权——业主维权作为一种公民运动 [M] //沈原. 市场、阶级与社会——转型社会学的关键议题. 北京:社会科学文献出版社, 2007.

❽ 管兵. 维权行动与社区民主意识:以 B 市商品房业主为例 [J]. 学海, 2016 (5): 86 - 91.

❾ 孙小逸, 黄荣贵. 维权情境中的自发性认知解放——以业主积极分子的权利意识的演进为例 [J]. 社会, 2016, 36 (3): 140 - 166.

性的力量。然而，随着时间的推移，学者们发现业委会和业主维权并未向预期的方向快速发展。里德（Read）观察到业委会在业主代表性、自治程度、参与力度和权力发挥上都存在着相当大的差异。❶ 魏万青指出业主群体比非业主群体参与集体行动的概率更大；但这并非因为前者比后者更有业主阶层的权利意识，而是因为前者更容易遭遇不公平待遇和利益受损。❷ 唐亚林认为业主维权难以超越个人利益与部分人群利益的窠臼，具有偶发性，缺乏可持续的公共参与动力机制。❸ 吴晓林和谢伊云的调查表明业主缺乏参与集体行动的动力，尤其是那些不涉及自身利益的行动；业主们普遍没有建立起对他者乃至小区整体的责任意识。❹ 吴晓林和李昊徐的调查也表明参与维权业主大多只关心个人利益，其本质上是应激性共同体而非权利性共同体。❺ 陈建国的实证研究指出获得产权身份并不意味着业主会自动参与到社区治理中，业主的参与意愿还受到业主产权利益及制度认知的影响。❻ 总的来说，学者们的反思指出小区业主还无法依靠自身力量去实现自组织和自动均衡。

2. 国家中心说

国家中心说以党和政府为研究对象，探究国家在基层社会变革中的行为和作用。❼ 以小区为研究对象，已有研究分析了国家如何应对住区空间异质化、私有化和碎片化带来的治理挑战。这些研究可以分为以下三个方面。

一是关注国家与小区生活。西方城市社会学认为政府能够在土地利

---

❶ READ B L. Assessing variation in civil society organizations: China's homeowner associations in comparative perspective [J]. Comparative political studies, 2008, 41 (9): 1240-1265.

❷ 魏万青. 中产阶级、业主身份与集体行动——基于CGSS2006数据的研究 [J]. 华中农业大学学报（社会科学版），2012（1）：96-101.

❸ 唐亚林. "房权政治"开启中国人"心有所安"的新时代——评吴晓林新作《房权政治：中国城市社区的业主维权》[J]. 经济社会体制比较，2016（6）：190-194.

❹ 吴晓林，谢伊云. 房权意识何以外溢到城市治理？——中国城市社区业主委员会治理功能的实证分析 [J]. 江汉论坛，2018（1）：132-137.

❺ 吴晓林，李昊徐. 城市商品房社区的冲突与精细化治理——一个以业主行为为中心的考察 [J]. 内蒙古社会科学（汉文版），2019，40（2）：22-27.

❻ 陈建国. 你的社区你做主吗？——住房产权对业主治权实现影响的实证分析 [J]. 武汉科技大学学报（社会科学版），2020，22（1）：69-74.

❼ 何海兵. 国家-社会范式框架下的中国城市社区研究 [J]. 上海行政学院学报，2006（4）：96-106.

用、发展重点和基层管理制度等多个方面极大地影响社区发展。新马克思主义城市研究也历来重视政府在城市变化中的主导作用。就小区来看,黄友琴(Huang You Qing)指出国家对集体文化的推崇和国家在政治上的强干预催生了大量的封闭小区;由于国家城市治理在这些小区中存在短板,业委会得以诞生。❶ 王汉生和吴莹指出国家并未完全从商品房小区的管理中撤离,国家制定的一系列法律法规划定了业主自治的空间,居委会是国家进入小区管理的通道。❷ 肖林认为社区日常集体生活一直是在政府的"参与"和"在场"下进行的;国家力量虽在商品房小区中有局部退却的趋势,但也通过加大社区建设、加强党组织领导、鼓励居委会和业委会交叉任职等新途径渗透到基层社会中。❸ 聂洪辉认为国家在小区事务上的注意力分配并不相同;基层政府对不同档次的小区采取差异化的治理策略;相比其他类型的小区,高档小区拥有更多的自治空间。❹ 孙小逸和黄荣贵指出国家通过话语和表征塑造了人们对小区的理解和想象,为合法介入私有空间保留了通道。❺

二是关注国家与业委会。陈映芳认为国家通过备案登记制度管控业委会的发育。❻ 翟校义指出基层政府赋予了居委会监督业委会成立、选举和运作的权力。❼ 王汉生和吴莹指出国家利用居委会这一代理人,通过提供制度、组织、动力、象征性符号、合法性授意等行动资源,监管业委会的

---

❶ HUANG Y Q. Collectivism, political control, and gating in Chinese cities [J]. Urban geography, 2006, 27 (6): 507 – 525.

❷ 王汉生, 吴莹. 基层社会中"看得见"与"看不见"的国家——发生在一个商品房小区中的几个"故事"[J]. 社会学研究, 2011, 25 (1): 63 – 95, 244.

❸ 肖林. 业主社区的兴起及其自主治理 [J]. 中国治理评论, 2013 (2): 42 – 64.

❹ 聂洪辉. 公民素养、政府保护性功能与城市社区自治 [J]. 甘肃行政学院学报, 2013 (6): 56 – 65, 123 – 124.

❺ 孙小逸, 黄荣贵. 再造可治理的邻里空间——基于空间生产视角的分析 [J]. 公共管理学报, 2014, 11 (3): 118 – 126, 143 – 144.

❻ 陈映芳. 行动力与制度限制: 都市运动中的中产阶层 [J]. 社会学研究, 2006 (4): 1 – 20, 242.

❼ 翟校义. 社区居民委员会与业主委员会的权利结构及其在北京市政策执行中的演化 [J]. 北京行政学院学报, 2008 (6): 1 – 7.

运作。❶ 陈鹏指出基层政府采取截然差异化的态度对待不同类型的业委会。❷ 孙小逸和黄荣贵指出基层政府通过居委会和党支部对业委会参选人员进行挑选和把关；通过备案制度强化和完善基层政府对业委会的监管。❸ 肖林指出国家采用了组织渗透、功能渗透和程序渗透三种渗透方式对业委会进行指导和监督。❹

　　三是关注国家与业主维权。张磊指出政府应站在公正的立场上协调和仲裁物业纠纷，构建健康的物业管理秩序。❺ 陈文和黄卫平认为国家应该合理定位党和政府在基层治理的位置，杜绝缺位、越位和错位现象，从执政理念、治理体制、权力配置、吸纳机制、治理网络等多方面创新，应对业主维权的挑战。❻ 朱光喜和朱燕指出国家力量的介入改变了原来社会被市场压制的局面，形成了国家—市场—社会均衡的社区权力结构，促成了业主维权行动的成功。❼ 盛智明总结了地方政府处理物业管理风险的三种策略，即通过利益捆绑的市场化机制管理开发商和物业公司；通过有限自治和扶持社会组织的社会化机制来管理业主群体，以及通过强化基层组织主导作用的科层制机制来加强政府部门的工作；三种策略有效地降低了业主维权所带来的城市治理风险。❽

3. 国家–社会互动说

　　无论是社会中心说还是国家中心说都只从一个侧面探究了国家–社会

---

❶ 王汉生，吴莹. 基层社会中"看得见"与"看不见"的国家——发生在一个商品房小区中的几个"故事"［J］. 社会学研究，2011，25（1）：63–95，244.

❷ 陈鹏. 国家—市场—社会三维视野下的业委会研究——以B市商品房社区为例［J］. 公共管理学报，2013，10（3）：75–89，140–141.

❸ 孙小逸，黄荣贵. 维权情境中的自发性认知解放——以业主积极分子的权利意识的演进为例［J］. 社会，2016，36（3）：140–166.

❹ 肖林. "'社区'研究"与"社区研究"——近年来我国城市社区研究述评［J］. 社会学研究，2011，26（4）：185–208，246.

❺ 张磊. 业主维权运动：产生原因及动员机制——对北京市几个小区个案的考查［J］. 社会学研究，2005（6）：1–39，243.

❻ 陈文，黄卫平. 城市社区业主维权：现状、成因与对策［J］. 中州学刊，2009（3）：116–120.

❼ 朱光喜，朱燕. 政府在业主维权中的作用——以武汉市南湖社区为例［J］. 云南行政学院学报，2008（6）：67–71.

❽ 盛智明. 地方政府部门如何规避风险？——以A市社区物业管理新政为例［J］. 社会学研究，2017，32（5）：166–191，245–246.

关系。越来越多的学者注意到国家和社会并不是独立于对方而行动。以小区为研究场景，学者们描绘了国家和社会在业主维权行动和业主自治行动中的互动过程。

黄卫平和陈家喜发现针对市政工程引起的业主维权行动，政府采用了不同的应对策略。❶陈鹏通过社区民族志调查发现基层政府的干预方式是影响业委会选择斗争还是合作策略的关键。❷黄晓星通过对南苑小区业主自治过程的追踪调查发现，国家采取了主导干预、择机释出、旁观调控三种不同的策略，对应了业主自治的形式化、业主自治的实质化、业主自治的瓦解三种结果。❸朱喜群以小区更换物业为例，刻画了包括房管局、街道办/社工委、居委会、业委会、物业公司、业主群体在内的社区治理主体之间的权力博弈过程，指出业主认同和行政认同是权力博弈策略的主要指向。❹胡哲崟通过观察两个业委会的成立和发展过程，指出业主、业委会、居委会和政府部门在此过程形成了权力关系网络，实现了资源的整合和互换。❺盛智明对586个业主委员会开展问卷调查，发现业主自治实践存在体制化现象；居委会主导的治理模式正向业主自治制度传递；这表现在业主群体自下而上地对体制的认同与接纳、业主群体积极选取体制的合法性支持和物质资源，以及业主积极分子主动参与到社区治理的网络中成为居委会社区动员的重要力量。❻

---

❶ 黄卫平，陈家喜. 城市运动中的地方政府与社会——基于N区业主维权案例的分析［J］. 东南学术, 2008 (6): 59-66.

❷ 陈鹏. 国家—市场—社会三维视野下的业委会研究——以B市商品房社区为例［J］. 公共管理学报, 2013, 10 (3): 75-89, 140-141.

❸ 黄晓星. 国家基层策略行为与社区过程——基于南苑业主自治的社区故事［J］. 社会, 2013, 33 (4): 147-175.

❹ 朱喜群. 社区冲突视阈下城市社区多元治理中的权力博弈——以苏州市D社区更换物业公司为考察个案［J］. 公共管理学报, 2016, 13 (3): 49-60, 155.

❺ 胡哲崟. 从业委会看待社区权力关系网的建立与扩大——以苏州市工业园区R社区业委会为例［J］. 学理论, 2018 (12): 111-113.

❻ 盛智明. 制度如何传递？——以A市业主自治的"体制化"现象为例［J］. 社会学研究, 2019, 34 (6): 139-163, 245.

2.2.2 业主维权

住房制度改革初期,我国出售公房和新建商品房小区管理出现真空。为了维护居住环境的秩序,国家借鉴海外物业管理经验,提倡在住宅小区引入"社会化、专业化、企业化、经营型"的物业管理模式。由此,市场化的物业管理模式逐渐成为住宅物业管理的主流模式。然而,随着该模式的推广,其带来的若干问题也逐渐凸显出来。其中一个最为突出的问题是业主的权益遭受到开发商、物业服务企业的侵害。为了捍卫自身的权益,小区业主团结起来发起维权行动。本书从行动起因、行动策略及影响因素三个方面进行整理。

1. 行动起因

现有研究对于业主维权行动的起因形成了意识说、纠纷说、利益说和权利说四种观点。

(1) 意识说。这部分研究认为业主维权行动的内在驱动力是业主权利意识的觉醒。首先,住房是城市居民最重要的资产也是家庭生活的核心场所,故而居民在权利受到侵害时有非常强烈的动机去维护其权益。❶ 其次,在当前体制下,城市居民的住房获得是体制身份、社会地位和经济能力共同作用的结果,其背后反映的是市场、国家和公民之间的关系。当居住生活纠纷经常发生且久久得不到解决时,人们自然能够意识到是纠纷所涉及的社会制度规范出了问题进而谋求改变。❷ 最后,在改革推进,权益保护和维权成为多个群体共同关注的话题;这种氛围教化了业主群体,使得他们在权益受到侵犯时勇于维权。❸

(2) 纠纷说。这部分研究认为业主维权行动的直接诱因是业主与其他主体间发生了物业纠纷。与开发商的纠纷主要涉及到房产欺诈问题,如虚

---

❶ 陈幽泓. 社区治理在中国 [J]. 安家, 2003 (10): 72-75.
❷ 郭于华, 沈原, 陈鹏. 居住的政治:当代都市的业主维权和社区建设 [M]. 桂林:广西师范出版社, 2014.
❸ 雷弢, 孙龙. 权利、空间与公民社会——北京业主维权运动与社区治理模式创新研究 [M]. 北京:北京燕山出版社, 2012.

假广告、合同陷阱、公共部分产权归属、房产质量低劣、配套设施不齐全、捆绑物业公司销售,等等。与物业服务企业相关的纠纷主要是指物业服务合同的执行问题,如账目不透明、乱收费、服务质量低劣、挪占专项维修资金、擅自处分共用部位和共用设施收益、拒不接受业主大会解聘决定等问题。❶ 与政府部门相关的纠纷主要有两个方面:一是开发商、物业服务企业和业委会监管方面;二是规划变更和市政工程建设方面。与业委会相关的纠纷主要是运作不规范、工作人员失职、侵害公共资金和公共利益等。与政府部门相关的纠纷主要指向两个方面:"一是个别政府部门在监管开发商、物业服务企业、业委会等主体上的不作为;二是个别政府部门在市政工程等邻避设施建设中缺乏有效沟通"。与业委会相关的纠纷主要指业委会运作的不规范、工作人员的失职、侵害公共资金和公共利益等问题。在实际中,不同类型的纠纷发生频率并不相同。傅强(Fu Qiang)的调研指出:"业主与物业服务企业的纠纷最为常见,比例为43.61%,其次是与业委会的纠纷,比例为42.23%,再次是与开发商的纠纷,比例为28.38%;最后是与政府部门的纠纷,比例为17.62%。"❷

(2)利益说。这部分研究指出业主维权的间接诱因是业主群体在物业纠纷中常常处于利益受损的状态。❸ 首先,单个业主在组织化程度、财力、资源、专业知识等多个方面均不如开发商和物业服务企业。作为弱势群体,业主在物业纠纷中常常处于劣势,无法捍卫自己的权益。其次,物业纠纷通常涉及多个主体。开发商、物业服务企业和政府有关部门可能形成具有分利性质的利益集团,该集团以其强势地位侵害业主的合法权益。❹

(3)权利说。这部分研究认为业主维权行动的深层次诱因是业主居住

---

❶ 朱光喜. 我国"住房阶级"维权研究:2001—2010——一个关于业主维权的文献综述[J]. 甘肃行政学院学报,2010(6):68-80,121-122.

❷ FU Q. Neighborhood conflicts in urban China: from consciousness of property rights to contentious actions [J]. Eurasian geography and economics,2015(56):285-307.

❸ 同❶.

❹ LU T T, ZHANG F, WU F. The variegated role of the state in different gated neighborhoods in China [J]. Urban studies,2019,57(4):1642-1659.

权利设置得不完备。❶ 在现代社会条件下，利益关系的维护和实现需要法律上生成和落实其对应的权利安排。❷ 而与居住权益相关的权利通常包括：建筑物区分所有权（物权）和社区自治权（治权）。❸ 物权赋予了所有权人专有部分的所有权和共有部分的持分权。这种权利体现为对房产的占有、使用、收益和处分的权利。治权赋予了业主自行管理其房产的权利，它以物权为基础。在西方发达国家，拥有了物权的业主将自动获得治权。但是，我国的情况却比较复杂。历史遗留问题导致购买出售公房物权的业主并没有获得相应的治权；在新建商品房小区中，开发商下辖物业服务企业长期把持小区治权，促使业主维权夺回小区自治权。因此，居住权利的不完备是导致业主维权的深层次诱因。

2. 行动策略

策略是行动者根据形势发展而制定的行动方针。维权行动中业主通常会采取一系列策略来达成行动目标。学者们对业主的维权行动策略进行了详细研究，可以划分为以下几种类型。

一是依法策略。陈鹏认为业主维权通常具有"依法维权"和"以法维权"两大特点。这反映在行动者对法律的策略性应用，即能够灵活运用法律来主张、维护和捍卫自身合法权益。❹ 法在其中扮演着合法性话语资源、维权特定场所和社会武器的角色。刘子曦的维权案例和田野调查表明业主通过使用法律武器来拓展维权的空间。❺ 刘威对春城名苑邻里纠纷的追踪调查发现法是贯穿维权过程始终的一致行动逻辑，守法是业主维权的行动边界。❻

---

❶ 朱光喜. 我国"住房阶级"维权研究：2001—2010——一个关于业主维权的文献综述 [J]. 甘肃行政学院学报，2010 (6)：68 - 80，121 - 122.

❷ 孟伟. 城市业主维权行动的利益目标与权利取向 [J]. 黄山学院学报，2007 (2)：63 - 67.

❸ 陈鹏. 从"产权"走向"公民"——当前中国城市业主维权研究 [J]. 开放时代，2009 (4)：126 - 139.

❹ 陈鹏. 当代中国城市业主的法权抗争——关于业主维权活动的一个分析框架 [J]. 社会学研究，2010，25 (1)：34 - 63，243 - 244.

❺ 刘子曦. 激励与扩展：B市业主维权运动中的法律与社会关系 [J]. 社会学研究，2010，25 (5)：83 - 110，244.

❻ 刘威. 对抗边界的生产：春城名苑邻里维权与反维权研究 [D]. 长春：吉林大学，2012.

二是依理策略。朱健刚通过对广州南园以中老年人为主体的业主维权行动分析发现,行动者将"理"作为行动的话语和动力工具。❶ 这里理的含义超越了国家法律法规的要求,暗含人格尊严、家园认同、公平正义等道德感。他认为以这种策略不是盲目服从国家意志,也不是对抗国家权威,而是选择与公民权益相关的国家话语建构集体行动的过程。

三是情绪动员策略。管兵指出情绪动员策略是骨干行动者利用情绪尤其是负面情绪来动员普通行动者参加抗争;行动者还利用媒体或互联网宣传自己的不幸遭遇寻求旁观者的同情来制造社会舆论压力。❷ 情绪动员策略通常是在组织缺乏资源的情况下使用,其具有快速提高行动关注度但可持续性弱的特点。成功的情绪动员策略能够把结构性因素诱发的短暂性怨恨转化为一般化的信念;在叠加触发性事件的情况下,一般化的信念能够助燃维权行动。

四是组织化策略。组织化策略是行动者通过建立业委会来开展维权行动。❸ 研究表明业委会在行动过程中能够发挥整合资源、制定策略、建构话语、动员协作等作用。组织化策略的应用有两大前提:一是国家的制度空间愈加开放允许业主依法成立自己的组织;二是业主群体日益成长习得了组织化维权的方法。

五是话语策略。话语策略在业主维权行动中发挥着重要作用。❹ 它分为对外的话语抗争和对内的话语动员。对外话语抗争是业主运用合法化话语与侵权者展开抗争,主要包括谈判、诉讼、媒体宣传、网络曝光等;对内的话语策略是精英分子运用话语策略加强业主内部的认同,整合分散的原子个体,促成共同目标的达成,主要包括合法化维权诉求、依法依规组

---

❶ 朱健刚. 以理抗争:都市集体行动的策略——以广州南园的业主维权为例 [J]. 社会,2011, 31 (3): 24 – 41.

❷ 管兵. 愤怒与理性:模式切换与维权结果 [J]. 中山大学学报(社会科学版), 2013, 53 (3): 163 – 170.

❸ 盛智明. 组织动员、行动策略与机会结构业主集体行动结果的影响因素分析 [J]. 社会,2016, 36 (3): 110 – 139.

❹ 雷弢,孙龙. 权利、空间与公民社会——北京业主维权运动与社区治理模式创新研究 [M]. 北京:北京燕山出版社, 2012.

织行动、通过公开信、调查报告等宣传维权阶段性成果。话语策略利用媒体引起公众和政府的注意,同时起到给侵权者施加压力、增强行动者士气、合法化维权行动的目的作用。

3. 行动影响因素

影响业主维权行动成败的因素较多,已有文献重点关注了以下三个方面的因素。

一是组织化程度。随着法律逐步赋予业主自治的权利,业主维权的组织化程度不断提高,经历了从个体自发维权、群体自觉维权和团体组织化维权的过程。❶ 组织化有助于行动者积累规则使用的经验,集聚资源和强化动员能力;组织化也有助于信息的传播和交换,提高集体维权的效率;组织化还有助于引导行动者以较为温和的方式进行维权,降低维权被打压的风险。一些实证分析也表明建立业委会能够增加维权成功的概率。❷

二是维权精英。关于维权精英的作用学界存在两种截然相反的看法。一种看法认为维权精英是同质性较强的群体。维权精英行动者之间的互动,能够实现在人、财、物等资源方面的广泛动员,即维权精英在场能够提高业主共同行动的概率。另一种看法认为维权精英者并非同质性的群体,他们在价值观念、资源存量、性格特征、行事风格等诸多方面存在显著的差异。维权精英的行动动机和行动策略并非一成不变,而是随着维权情境发生变化。精英在场并不必然带来维权行动的成功。针对精英悖论这一现象,何艳玲和钟佩认为精英行动者和普通行动者的关系受到资源、动员和制度等因素的影响,他们间关系的变化影响了行动的结果,导致了这是精英悖论存。❸

三是互联网技术。随着互联网的广泛应用,它在维权行动中的作用逐渐被学者所关注。虽然学者们一致认同互联网改变了行动者面临的动员结

---

❶ 陈文. 城市社区业主维权:类型与特点探析 [J]. 贵州社会科学, 2010 (4): 47-51.
❷ 盛智明. 组织动员、行动策略与机会结构业主集体行动结果的影响因素分析 [J]. 社会, 2016, 36 (3): 110-139.
❸ 何艳玲, 钟佩. 熟悉的陌生人:行动精英间关系与业主共同行动 [J]. 社会学研究, 2013, 28 (6): 21-45, 242.

构、决策模式和参与模式,对维权行动产生了不可忽视的影响。但学者们对互联网影响的方向莫衷一是。一方面互联网为人们获取信息和交流信息提供了重要的渠道,它能够使行动者跨越时空限制以较低的成本整合信息资源,能够提高个体参与维权行动的可能性;另一方面互联网的匿名性和虚拟性使行动者对相关内容的真实性存疑,在线上声称能够参与的人未必真的参加线下行动。就经验研究来看,刘新宇发现在线论坛为业主维权行动的发生提供了虚拟的空间。❶ 黄荣贵等也指出在线论坛有助于降低动员成本推动个体参与维权。❷ 陈晓运认为网络号召可以分摊集体行动的风险和成本,网络曝光可以保护抗争积极分子,网络扩散可以吸引技术和管理专家。❸

2.2.3 业主自治

随着我国住房改革的不断推进,城市形成了以个人产权为主体的城镇住房产权结构和制度。在此背景下,"业主"作为城市中的有房一族、住房置业者的概念日益深入人心。1991年,我国深圳诞生了第一个业委会,标志着业主自治思想的萌芽。随后出台的一系列法律法规,如《中华人民共和国物业管理条例》(以下简称《物业管理条例》)、《中华人民共和国物权法》《民法典》,逐步明确了业主在小区管理中的权利和义务,界定了业主大会和业委会的工作职责,为业主自治提供了制度支持和制度保障。过去三十几年来,国内学者一直追踪业主自治实践的发展。相关研究主要集中在以下两个方面。

1. 业主自治的性质

现有研究对于业主自治的性质形成了以下四种代表性观点。

(1) 物业管理说。这部分研究认为业主自治是物业管理的一种模式。

---

❶ 刘新宇. 居住空间、认同解放与行动策略——以社会运动理论探讨业主的维权行动 [J]. 法制与社会, 2009 (16): 218 – 219.

❷ 黄荣贵, 张涛甫, 桂勇. 抗争信息在互联网上的传播结构及其影响因素——基于业主论坛的经验研究 [J]. 新闻与传播研究, 2011, 18 (2): 89 – 97, 112.

❸ 陈晓运. 去组织化: 业主集体行动的策略——以 G 市反对垃圾焚烧厂建设事件为例 [J]. 公共管理学报, 2012, 9 (2): 67 – 75, 125.

例如,陈跃华认为业主自治不是对小区社会的综合管理,而是对房地产及其辅助设备设施的专业物业管理。❶ 涂振指出业主自治是一种建筑物区分所有权住宅的物业管理机制,能够帮助业主处理与物业服务企业的纠纷。❷ 游春认为业主自治是一种物业管理模式,其出发点是保护业主的合法权益。❸

(2) 公共事物治理说。这部分研究认为业主自治是小区内部共有部分和公共设施管理的内在要求。例如,李玉连和朱宪辰从制度经济学的角度出发指出业主自治本质上是一种实现小区内部共享资源自发治理集体行动的制度安排。❹ 夏巾帼和郭忠华等认为业主自治是为了统一不同区分所有权人的意见,避免小区公共事务无人愿管或无人可管的情况,营造良好的生活居住环境。❺ 王福德认为业主自治的实质是业主群体在陌生人社会的场景下实现公共事务合作治理的过程。❻

(3) 基层治理模式说。这部分研究认为业主自治是一种基层治理模式。例如,高圣平认为业主自治是一种私法自治,其目的是维护和增进全体业主的共同利益;治理对象主要是小区的共有部分和共同事务。❼ 李鹏远认为业主自治是一种基层治理模式,主要是对物业管理和相关的公共事务进行自我管理,维护全体业主的合法权益。❽ 黄玉婷等认为业主自治是业主基于建筑物区分所有权,依据法律法规和民主原则建立自治组织,确

---

❶ 陈跃华. 对业主委员会自治管理认识误区的剖析 [J]. 上海人大月刊, 2001 (12): 28 - 29.
❷ 涂振. 业主自治是物业管理的基础 [J]. 合肥工业大学学报(社会科学版), 2004 (4): 82 - 86.
❸ 游春. 业主自治管理中的私人秩序 [J]. 城市发展研究, 2009, 16 (3): 122 - 126.
❹ 李玉连, 朱宪辰. 业主自治的本质与实现的制度经济学分析 [J]. 华东经济管理, 2006 (6): 35 - 39.
❺ 夏巾帼, 郭忠华. 城市商品房小区自治困境的根源——基于小区公共事务性质的分析 [J]. 浙江学刊, 2019 (5): 165 - 171.
❻ 王德福. 业主自治中积极分子的激励困境及其超越 [J]. 暨南学报(哲学社会科学版), 2021a, 43 (7): 77 - 86.
❼ 高圣平. 论业主自治的边界 [J]. 法学论坛, 2009, 24 (6): 17 - 19.
❽ 李鹏远. 论我国业主自治制度的创新与完善——兼论对我国基层民主制度的实践意义 [J]. 黑河学刊, 2013 (6): 74 - 77.

立自治规范,管理本区域内的物业的一种基层治理模式。❶

(4) 权利义务实践说。这部分研究认为业主自治是建筑物区分所有权制度下业主享有权利并履行其义务的实践方式。例如,赵连山认为业主自治是业主实现房屋产权(所有权、占有权、支配权和处置权)的重要手段,业主自治的组织化形式就是业主大会和业委会。❷夏建中认为业主自治的任务之一是约束业主和物业服务企业的行为,理顺业主与物业服务企业的关系,维持小区的秩序和稳定。❸肖林认为业主自治权是住房私有产权和共有产权的衍生物,它是对小区中"物""财""事"和"规"四个方面公共性的治理和维护。❹

2. 业主自治困境的对策与建议

当前学界一个共识就是我国业主自治能力不足。针对这一现象,学者们给出了如下对策与建议。

(1) 部分研究主要就某项具体的自治事项给出改进办法。陈鹏认为业委会应该创新组织制度和治理模式,如创新业主代表大会组织形式、设立业主监事会、创设楼宇业委会、建立业主社区物业服务中心、探索信托物业管理模式等。❺张金娟重点关注了物业管理中业主决策难的问题,针对当前业主组织内部决策和代理人决策的失灵问题,提出了业主组织与代理人合作决策机制、第三方顾问决策机制和政府介入决策机制等三种对策建议。❻管兵和岳经纶认为内外部的双重合法性是业委会得以维系和发展的关键。外部合法性来自宏观政治、经济、社会和文化的环境认可;内部合法性来自业委会的设立程序规范和运作效能。强化业委会的双重合法性是

---

❶ 黄玉婷,张金娟,石举杰. 小区物业管理与业主自治 [J]. 城乡建设,2017 (19):60 - 61.

❷ 赵连山. 论住宅小区的业主自治 [J]. 中外房地产导报,1996 (21):40 - 39.

❸ 夏建中. 北京城市新型社区自治组织研究——简析北京 CY 园业主委员会 [J]. 北京社会科学,2003 (2):88 - 94.

❹ 肖林. 不对称的合法性:居民委员会和业主委员会之比较 [J]. 社会学评论,2014,2 (6):58 - 68.

❺ 陈鹏. 业主委员会的功能定位与发展趋势 [J]. 现代物业(上旬刊),2011,10 (6):154 - 157.

❻ 张金娟. 住宅小区管理模式选择研究 [J]. 经济管理,2013,35 (4):175 - 182.

提升业主自治能力的重要途径。❶ 张雪霖和钟雯关注了业委会选举活动，提炼出业主竞选业委会的五种动机类型，包括谋利型、志愿型、尝鲜型、动员型和泄愤型；他们指出利益密度和社会异质性是业委会选举存在差异性特征的主要原因，增强利益密度和提高凝聚力是规范化业委会选举的重要路径。❷ 厉进伟研究了组建业委会的问题。基于交易成本理论，他指出业主的有限理性和机会主义、制度政策的不确定性、业委会运作的资产专有性和地方政府的委托代理机制失灵是我国业委会成立难的主要原因；提出了通过降低交易成本的方法提高业委会的组建率。❸

(2) 部分研究围绕业主自治中的协商民主机制而展开。肖林认为业主自治的关键在于培育多种形式的基层民主，包括内部直接民主、间接民主和协商民主等；业主论坛有助于业主讨论和参与小区公共事务，促进业主间的沟通合作。❹ 王栋认为业主协商是业主自治的关键；我国业主协商自治的模式有行政拓展型、制度型、业务型、实体型四种类型；然而当前我国业主缺乏协商治理经验、技术、法律和政策环境，因而需要通过夯实社会资本、吸纳不同意见主体、政社权限划分、培育契约精神等手段厚植业主协商自治的物质基础、群众基础、权力基础和文化基础。❺ 钱志远等认为制度文本无法指导复杂生活领域的各项事务，业主之间的内部对立和冲突需要通过协商对话的形式来解决；通过对一个案例的追踪，他们发现三种协商机制，即社区辩论会、多方联席会议、第三方参与决策；在三种协商机制的帮助下，业主之间能够多层次反复协调整合进而形成合议。❻

---

❶ 管兵，岳经纶. 双重合法性和社会组织发展——以北京市19个小区的业主委员会为例 [J]. 广西民族大学学报（哲学社会科学版），2014，36（5）：147-151.
❷ 张雪霖，钟雯. 小区业委会选举景象差异一般机制的解释——基于利益密度与社会异质性二维框架的分析 [J]. 城市问题，2016（12）：78-84.
❸ 厉进伟. 业主委员会"成立难"问题及其破解——一项基于业主交易成本的分析 [J]. 行政与法，2018（5）：66-75.
❹ 肖林. 业主社区的兴起及其自主治理 [J]. 中国治理评论，2013（2）：42-64.
❺ 王栋. 政社联动：住宅小区业主协商自治的演进逻辑 [J]. 行政论坛，2019，26（6）：70-76.
❻ 钱志远，孙其昂，李向健. "互构型"社区治理——以一个城市社区的停车位事件为例 [J]. 城市发展研究，2017，24（5）：91-97.

（3）部分研究关注改善业主自治的内外部环境。毛军权建议通过构建利益相关者共同体的制度框架来提高业主共识；利用选择性激励措施避免业委会陷入机会主义的困境；提倡多维民主抑制业委会的寡头统治和准派系斗争倾向。[1] 陈天祥和叶彩永指出创设共同需求和积累社会资本是"陌生人社会"情境下业主集体行动的重要途径。[2] 李培志指出"业委会资源获取的制度性限制"和"政府部门的非制度性干扰"恶化了业委会的发展环境；正视业委会的力量、解除它的制度限制、落实有建设性意义的指导和监督是优化业委会发展环境的关键。[3] 何雨关注了业委会的自治乱象，如业委会成员敛财、选举舞弊、干预物业服务企业正常经营、不服从政府部门管理等现象；他认为应进一步加强对业委会的内外部监管，包括完善相关法律法规、规范业委会成员选举条件、建立小区重大事项报备制度、建立小区监督委员会制度、建立群防事件预警制度和培育业主的参与意识。[4] 班涛认为当前业主自治主要是精英主导的自治；这种治理方式面临精英异化的风险，表现为精英垄断、逐利、派系斗争激烈和对公共事务持续性投入不足；为了规避这一风险，需要对精英进行有效监督，还需在自治中培育中坚文化，搭建精英—中间居民—普通居民的自治结构。[5] 胡仕林基于元治理理论，对我国业委会数量少和比例低的问题展开分析；他指出国家在业委会发展中存在导向模糊、设立规则不够完善、基层政府力量支持不足等问题，提出应树立鼓励业委会发展的导向，优化现行设立规则，敦促基层政府对业委会提供有力支持等。[6]

---

[1] 毛军权. 业主委员会：社区治理中的制度共识、自治困境与行动策略 [J]. 兰州学刊, 2011 (5)：13-18.

[2] 陈天祥, 叶彩永. 新型城市社区公共事务集体治理的逻辑——基于需求—动员—制度三维框架的分析 [J]. 中山大学学报（社会科学版）, 2013, 53 (3)：147-162.

[3] 李培志. 城市社区治理结构变迁与业主委员会的发展环境 [J]. 黑龙江社会科学, 2014 (5)：115-118.

[4] 何雨. 城市治理中小区业主自治的异化与对策——基于N市某区的调查研究 [J]. 上海城市管理, 2015, 24 (4)：16-20.

[5] 班涛. 权力结构视角下城市社区居民自治困境的生成与破解分析 [J]. 内蒙古社会科学, 2020, 41 (6)：29-37.

[6] 胡仕林. 元治理视角下业主委员会"成立难"探析 [J]. 云南行政学院学报, 2021, 23 (1)：78-84.

还有一部分对策建议借鉴其他国家和地区的做法给出规范我国业主组织的建议。张振比较了中美两国的业主组织，发现我国业主组织在规制合法性、规范合法性和文化认知合法性三方面均低于美国业主组织；建议从提升合法性入手促进业主组织发展。❶ 蔡荣和何深静比较了香港和广州的业主组织，发现广州业主组织在设立上存在程序性和规范性不足的问题；广州业主组织在运作上存在身份认同危机和缺乏激励机制问题；提倡政府不要直接干预小区管理，从法律、规范和认同着手，提升业主组织自治的外部环境。❷

2.2.4 公共池塘资源治理

公共池塘资源（common pool resource）是一个自然存在或人为构造的物质资源系统。❸ 该资源在使用上具有非排他性和高竞争性，因而容易陷入"公地悲剧"和"反公地悲剧"的治理困境。美国学者埃莉诺·奥斯特罗姆及其团队对世界许多地方的公共池塘资源治理实践进行了深入细致地调查研究，提出了著名的自主治理理论。该理论打破前人在公共池塘资源上的国家管理和市场管理的二分思路，主张资源的利益相关者通过自组织的行为解决管理难题，为公共池塘资源治理开辟了新视野。埃莉诺·奥斯特罗姆本人也因此荣膺了2009年诺贝尔经济学奖。随着自主治理理论的广泛传播，国内外掀起了公共池塘资源的研究热潮。一部分研究关注小区的公共池塘资源，重点分析了小区公共池塘资源治理的特点、治理绩效和治理影响因素。

1. 治理特点

小区采用建筑物区分所有权的产权设计，规划区域内部的共有部分和共有设施属于共同财产，归全体业主共同所有和管理。这些共有部分和共

---

❶ 张振. 共性中的差异：中美城市业主组织合法性比较——基于新制度主义的分析［J］. 北京社会科学，2018（3）：84-92.
❷ 蔡荣，何深静. 社区自治何以可能？——对广州和香港业主组织的比较研究［J］. 住区，2017（4）：68-73.
❸ 埃莉诺·奥斯特罗姆. 公共事物的治理之道：集体行动制度的演讲［M］. 余逊达，陈旭东，译. 上海：上海译文出版社，2012.

有设施大多具有非排他性（无法排除单个业主的使用）和高竞争性（使用中存在拥挤效应）的特点，因而可以看作是公共池塘资源。一部分公共池塘资源是有形的，如建筑主体结构、供水设施、排污设施、公共绿地、消防设施、游泳池、健身便民设施等。另一部分公共池塘资源是无形的，如适宜的居住环境、和谐的邻里关系、浓厚的社会资本等。❶ 这些有形的和无形的公共池塘资源构成了全体业主所需的自然和人文环境，其状况关乎每一个业主的切身利益。

与自然存在的公共池塘资源（如牧场、地下水资源）一样，小区公共池塘资源治理的目标是促进资源的可持续利用。这一目标可以进一步细分为两个子目标，一是避免资源被过度使用导致枯竭；二是保障资源的可持续生产和供应。❷ 但与自然存在的公共池塘资源不同的是，小区公共池塘资源属于人造物质资源，其资源属性和资源使用技术具独特性，因而其治理也存在特殊性。

首先，小区公共池塘资源是复合型资源系统，包含许多有形的和无形的公共池塘资源，治理难度较大。对于有形的小区公共池塘资源，管理者只有了解一次一人使用导致资源存量下降的幅度、资源的规模大小、阻止他人使用资源的难度、资源的保养和维护频率、资源供给的最低门槛等相关信息，才能给出最佳的治理方案。对于无形的小区公共池塘资源，管理者需要充分的智慧去教育业主，培育邻里关系，厚植社会资本，才能创造宜居的邻里环境。

其次，小区公共池塘资源治理不仅是对资源本身的管理，还涉及对人的管理和对规则的管理。由于小区公共池塘资源是人造资源系统，居民每天都要使用这些资源，因此对资源的管理必然会扩展到对人的管理。为了实现对居民的高效管理，管理者需要制定各种规章制度，如业主公约、业主大会决议、议事规则、建筑物装修规则等；管理者还需要适时地修改、

---

❶ 李玉连，朱宪辰. 业主自治的本质与实现的制度经济学分析［J］. 华东经济管理，2006（6）：35 - 39.

❷ 埃莉诺·奥斯特罗姆. 公共事物的治理之道：集体行动制度的演讲［M］. 余逊达，陈旭东，译. 上海：上海译文出版社，2012.

更新和执行这些规章制度，使管理过程程序化、正规化和便捷化。

最后，小区公共池塘资源治理依赖业主的集体行动。现实中，业主集体行动的形式多样。就发生频率来看，有一次性的、间歇性的和持续性的；就行动内容来看，有集体性决策、集体性执行、集体性消费；就与资源的关系来看，有资源分配行动、资源使用行动、资源维护行动与资源管理行动；就决策环节来看，有集体性决策、集体性规则实施、集体性效果监督等。❶ 因此，集体行动的多样性对小区公共池塘资源治理提出了挑战。

2. 治理绩效

治理绩效是治理活动产生的效果和达成的效益。绩效评价是小区公共池塘资源治理的重要内容。就相关研究来看，可以划分为以下四个方面。

一是关注治理过程中业主集体行动的成败。例如，邱勇（Yau Yung）关注了业主参与垃圾回收的集体行动。❷ 高伟（Gao Wei）聚焦了业主的决策行动、规则执行行动和效果监督行动三类重要的业主集体行动。❸ 晏鹰等讨论了小区电梯维修服务的集体供给。❹ 李东泉和王瑛考察了老旧小区加装电梯的集体行动。❺

二是评估小区公共池塘资源的状况。香港大学房地产及建筑系的何志荣（Ho Dang el Wing et al）团队采用了关键绩效指标法，选取了清洁卫生、安全保障、产权责任、定期保养和财务管理等方面的多个指标评估小区公共池塘资源的治理水平。❻ 朱芳妮和张金鹗从主客观两个方面构建了

---

❶ 张金娟. 住区业主集体行动的困境及其解决方案——关于业主集体行动的文献综述［J］. 城市问题，2017（4）：4−12.

❷ YAU Y. Domestic waste recycling, collective action and economic incentive: The case in Hong Kong［J］. Waste management，2010，30（12）：2440−2447.

❸ GAO W. Collective actions for the management of multi-owned residential building: A case of Hong Kong［J］. Habitat international，2015（49）：316−324.

❹ 晏鹰，朱宪辰，宋妍. 城市社区集体物品合作供给的制度约束——以住宅小区电梯维保为例［J］. 城市问题，2010（2）：80−85.

❺ 李东泉，王瑛. 集体行动困境的应对之道——以广州市老旧小区加装电梯工作为例［J］. 北京行政学院学报，2021（1）：28−35.

❻ HO D C W, YAU Y, POON S W, et al. Achieving sustainable urban renewal in Hong Kong: Strategy for dilapidation assessment of high rises［J］. Journal of urban planning and development，2012，138（2）：153−165.

小区治理的绩效指标体系，其中主观绩效考查了住户对公共设施空间管理、卫生与环境景观、公共安全和小区活动安排四个方面的满意度；客观绩效关注公共设施空间整理、环境卫生管理、行政事务与决策效率四个方面的内容。❶ 王颖颖从基础设施及维护、日常秩序与文化服务、公共部位和设施、资金管理四个方面，采用43个指标来评价小区的治理绩效。❷

三是关注小区治理中的业主组织效能。雷岁江和孙荣从治理过程、治理结果和治理能力三个维度测量了业主组织的制度绩效。❸ 何深静和汪坤从信任度、利益契合度和服务满意度三个维度测量了业主组织治理效能。❹ 王峰等聚焦于业主组织的维权纠纷化解能力。❺ 申彬认为业主组织能力包括业主参与水平、组织间协调水平和内部建设水平三个维度。❻ 李银鑫依据代表性和运行能力将业主组织划分为善治型、被动型、谋利型和僵尸型。❼ 孙锋提出业主组织治理能力是业主组织在城市社区治理活动中的表现，包括基本运行能力、公共资源管理能力和社会交往能力。❽

四是关注物业服务状况。许智文（Hui Chi Man）和郑贤（Zheng Xian）认为居民对物业办公室服务、保安服务、清洁服务、公共设施和公共区域的满意度是判断治理绩效的关键。❾ 杨国霞和沈山从清洁绿化、安保消防、维修服务、特约服务、接待服务、收费及账目管理等方面评估了

---

❶ 朱芳妮, 张金鹗. 台北与香港住宅管理维护绩效之比较分析 [J]. 都市与计划, 2014 (2): 199 – 277.

❷ 王颖颖. 住宅小区有效治理的影响因素分析 [D]. 上海: 华东理工大学, 2018.

❸ 雷岁江, 孙荣. 主自主治理制度绩效测量: 一项基于经验数据的研究 [J]. 江汉论坛, 2019 (9) 27 – 32.

❹ 何深静, 汪坤. 广州商住小区业委会发展特征、治理效能及其影响因素 [J]. 热带地理, 2015, 35 (4): 471 – 480.

❺ WANG F. Determinants of the effectiveness of Chinese homeowner associations in solving neighborhood issues [J]. Urban affairs review, 2014, 50 (3): 311 – 339.

❻ 申彬. 集体行动视野下业委会自治能力研究 [D]. 上海: 上海交通大学, 2016.

❼ 李银鑫. 业主委员会差异化的组织面相 [D]. 武汉: 华中师范大学, 2020.

❽ 孙锋. 业主组织的制度安排对其治理能力的影响——基于上海的实证研究 [D]. 上海: 上海财经大学, 2019.

❾ HUI E C M, ZHENG X. Measuring customer satisfaction of FM service in housing sector: A structural equation model approach [J]. Facilities, 2010, 28 (5/6): 306 – 320.

小区物业管理服务质量。❶ 文字从小区建筑及其附属设施、绿化、卫生、交通、治安和环境六个方面定义了物业管理的范围。❷ 陈鹏认为物业服务是反映公共池塘资源治理状况的风向标，其中物业服务质量、物业费价格、物业费收缴率和物业财务透明度是核心指标。❸

3. 治理影响因素

现有文献表明影响小区公共池塘资源治理的因素非常多。本节借助奥斯特罗姆及其团队提出的制度分析与发展框架对相关影响因素加以整理。

（1）小区物理属性。小区物理属性是影响小区公共池塘资源治理效果的重要因素。已有文献中学者们重点关注了四个方面的因素。❹ 一是小区规模。小区规模影响小区公共池塘资源治理模式的选择。大型小区有着更大面积和更多种类的公共池塘资源，面临着更大的治理难题；但大型小区在购买专业物业服务上具有规模优势，因此更容易筹集到资金来应对治理难题。二是小区年龄。小区年龄影响小区公共池塘资源维护和保养的成本。相较于新建小区，老旧小区的维修保养成本更高，设施短板更多。三是小区住房价格。住房价格影响了业主对公共池塘资源治理投入的积极性。研究表明住房价格越高，业主越能够从出售房屋中获利；高房价能够激励业主积极参与小区治理，通过提高住房质量来提升住房价格。四是小区位置。研究表明黄金地段的小区通常能够以更高的价格出售，位置带来的溢价能够激励业主在小区治理上更加积极。

（2）业主经济社会属性。业主的经济社会属性是影响小区公共池塘资源治理的重要因素。现有文献中学者们重点关注了五个方面的经济社会属

---

❶ 杨国霞，沈山.城市住宅小区物业服务满意度评价——以徐州市为例［J］.开发研究，2012（1）：156－160.

❷ 文宇.城市住宅小区物业管理的现状、问题及其解决对策［J］.城市问题，2013（9）：78－81.

❸ 陈鹏.城市社区治理：基本模式及其治理绩效——以四个商品房社区为例［J］.社会学研究，2016，31（3）：125－151，244－245.

❹ GAO W，HO D C W. Explaining the outcomes of multi-owned housing management：A collective action perspective［J］. Habitat international，2016（57）：233－241.

性。① 一是业主群体规模。业主群体规模越大，业主集体决策的组织和动员成本就越高，业主们达成一致决策的可能性就越小。二是业主群体异质性。业主在收入、年龄、社会阶层等多方面的差异性将影响业主的治理模式选择和治理技术选择，进而影响小区公共池塘资源治理的效率。三是业主组织形式。业主群体的组织化能够降低业主合作的成本，提高业主决策的效率。四是业主社区资本。业主的社区资本为动员业主参加集体行动提供了渠道，有助于减少业主集体行动的搭便车现象。五是业主经济社会地位。经济社会地位高的业主受过良好的教育、拥有丰富的人际网络、收入较高、头脑灵活，能够依靠自己解决小区治理问题；反之经济社会地位低的业主缺乏相应的知识和资源储备，在面对小区治理问题时容易陷入困境。

（3）制度。制度是影响人们互动和交往的规则。它可以分为正式制度和非正式制度两种类型。正式制度包括立法、法令、契约、合同和行为准则；非正式制度包括文化、习俗和社会规范。与小区治理相关的正式制度包括《民法典》《物业管理条例》《业主大会和业主委员会指导规范》等法律法规；而非正式制度包括业主公约、业主大会议事规则、业主约定的行为规范等。李玉连和朱宪辰发现群体规范影响了业主参与公共事务的积极性。② 关宏宇等发现房屋产权性质影响了业主的自治态度和自治模式选择。③ 陈幽泓认为我国法律存在一些漏洞，导致与业主大会决议有关的法律诉讼较多④。邱勇等（Yau Yung et al）发现业主立案法团和物业服务企业共同管理可以提高建筑物的健康安全绩效。⑤ 朱芳妮和张金鹗发现虽然

---

① GAO W, HO D C W. Explaining the outcomes of multi-owned housing management: A collective action perspective [J]. Habitat international, 2016 (57): 233-241.

② 李玉连, 朱宪辰. 群体规范与业主自治制度——南京城市小区实证研究 [J]. 城市问题, 2007 (3): 7-11.

③ 关宏宇, 王广文, 朱宪辰, 等. 房屋产权性质对住宅小区业主自治行动的影响——以南京市的两个小区为例 [J]. 城市问题, 2016 (3): 67-74.

④ 陈幽泓. 我看包华律师课题组《业主共同决定机制》研究 [C] //和谐社区通讯 2017 年第 1 期, 2017: 49-52.

⑤ YAU Y, HO D C W, CHAU K W. Determinants of the safety performance of private multi-storey residential buildings in Hong Kong [J]. Social indicators research, 2008, 89 (3): 501-521.

业主控制模式能提高小区管理效率，但职业经理人的加入更能提高住户满意度。❶ 张金娟发现业委会和物业服务企业合作能够提高小区的管理绩效。❷

2.2.5 多元主体共治

小区住宅物业管理是我国经济体制改革过程中逐渐建构出来的一个新型社区公共空间。党的十八大以来，随着城市社区治理话语取代社区建设话语，小区住宅物业管理成为社区治理的重要内容。社区治理强调多元共治，倡导通过国家与社会、公共部门与私人部门之间的正式和非正式的合作协同来解决复杂的社区发展问题。当前我国城市社区治理结构正逐步从政府单极管治走向多元主体合作的网状结构。因此，从社区多元共治的视角探讨小区治理是学者们关注的重要议题。已有研究内容可以划分为以下两个方面。

1. 业委会与公共组织关系

一部分研究指出社区治理中业委会与原社区公共组织之间存在竞争关系。张静认为业委会行动触犯了原社区公共组织的权力进而可能诱发权力之争。❸ 张磊和刘丽敏发现在住房改革初期，物业管理领域存在政府部门和业委会争夺权力的现象。❹ 孙荣和范志雯强调业委会和居委会存在职能重合；两者都有权介入业主与物业服务企业的纠纷，容易形成竞争关系。❺ 闵学勤指出业委会参与社区公共事务治理可能会瓜分居委会的社区权力，

---

❶ 朱芳妮，张金鹗. 台北与香港住宅管理维护绩效之比较分析［J］. 都市与计划，2014（2）：199 – 277.
❷ 张金娟. 住宅小区管理模式选择研究［J］. 经济管理，2013，35（4）：175 – 182.
❸ 张静. 公共空间的社会基础——一个社区纠纷案例的分析［C］//社会转型与社区发展——社区建设研讨会论文集，2001：92 – 113.
❹ 张磊，刘丽敏. 物业运作：从国家中分离出来的新公共空间国家权力过度化与社会权利不足之间的张力［J］. 社会，2005（1）：144 – 163.
❺ 孙荣，范志雯. 社区共治：合作主义视野下业主委员会的治理［J］. 中国行政管理，2007（12）：81 – 84.

弱化居委会的社区声望。❶ 陈淑云和艾建国指出体制机制不健全导致业委会和居委会之间出现种种矛盾和冲突，表现为居委会在监督业委会上的不作为或过度干预。❷ 毛军权指出业委会改变了社区原有权力结构和治理格局；业主对业委会的利益认同弱化了他们对原有公共组织的政治认同，冲击了原有公共组织的垄断地位，从而引发双方对权力的争夺。❸ 肖林认为业委会和居委会的合法性存在明显的不对称和内在张力，造成了彼此的合法性困境。❹

另一部分研究指出社区治理中业委会与原公共组织可以形成合作关系。例如，刁振娇认为业委会机制能够提高居民参与社区治理的水平。❺ 徐道稳认为居民自治是居民基于地缘关系行使政治权利和社区管理权利的过程，业主自治是业主基于财产关系行使财产权利和物业管理权利；居民自治和业主自治不存在相互替代的关系。❻ 朱光喜指出业委会和居委会在自主动机、组织方式、制度供给和知识积累等方面存在不同；但在商品房比例不断增加的情况下，居民与业主的身份将逐步趋同。❼ 李培志发现业委会能够成为居委会社区建设的抓手，在社区环境秩序维护、物业纠纷协调、和谐邻里关系构建、业主权益表达等方面发挥突出的作用。❽

还有一部分研究指出社区治理中业委会与原公共组织之间的关系并不是静止不变的而是随情境动态变化的。李友梅指出城市社区治理需要居委

---

❶ 闵学勤. 社区自治主体的二元区隔及其演化［J］. 社会学研究，2009，24（1）：162－183，245.

❷ 陈淑云，艾建国. 城市居住区物业管理与社区管理合作模式研究——以百步亭小区与中山巷社区为例［J］. 江汉论坛，2010（5）：85－89.

❸ 毛军权. 业主委员会：社区治理中的制度共识、自治困境与行动策略［J］. 兰州学刊，2011（5）：13－18.

❹ 肖林. 不对称的合法性：居民委员会和业主委员会之比较［J］. 社会学评论，2014，2（6）：58－68.

❺ 刁振娇. 业委会社区治理与公法完善［J］. 华东政法大学学报，2010（5）：132－134.

❻ 徐道稳. 业主委员会：社区治理的结构性要素［J］. 甘肃行政学院学报，2011（6）：78－84，124.

❼ 朱光喜. 业主自治：城市社区自治的新逻辑——基于居民自治与业主自治的比较视角［J］. 成都行政学院学报，2012（4）：85－90.

❽ 李培志. 城市社区治理结构变迁与业主委员会的发展环境［J］. 黑龙江社会科学，2014（5）：115－118.

会、业委会和物业服务企业三驾马车的驱动。❶ 其中居委会是行政性的，以行政关系为基础；业委会是社会性的，以产权和社会关系为基础；物业服务企业是经济性的，以市场契约为基础；三个组织拥有不同的资源，有各自的工作载体和运行逻辑；它们在社区治理中因不同的情境可能形成竞争、合作和冲突的关系。魏姝发现在协作型社区中业委会主要负责绿化、花草、路面维修、车库管理管理、保安等在内的"物"的管理；居委会负责计生、妇联、就业等在内的"人"的管理。❷ 陈鹏发现社区治理中国家—社会—市场存在复杂的互动关系，突出表现在业委会有着斗争和常规两种组织面相。❸ 朱喜群指出城市社区多元共治必定存在权力博弈，博弈方的主要目的是追求业主认同和行政认同，博弈方的策略性互动导致社区权力秩序的不稳定。❹ 江立华和梁贤艳强调制度、结构、资本是影响国家—市场—社会三者关系的关键性因素，通过完善制度体系、优化治理结构、提升治理资本，社区治理可以打造"娘家－亲家"的和谐关系模式。❺ 陈荣卓和刘亚楠指出社区中的不同权力主体在社区物业治理这一场域形成了竞争或合作的互动发展关系；而关系的形成取决于不同权力主体的利益交互、价值共谋和策略互动；按照"党建引领、政府履职、企业履约、业主行权、居委会自治"的角色定位，各权力主体可以形成共建、共治、共享的社区物业治理共同体。❻

2. 多元主体共治的对策建议

要实现小区范围内的多元共治，需要处理好基层政府与业委会之间的

---

❶ 李友梅. 基层社区组织的实际生活方式——对上海康健社区实地调查的初步认识 [J]. 社会学研究, 2002 (4)：15–23.

❷ 魏姝. 中国城市社区治理结构类型化研究 [J]. 南京大学学报（哲学. 人文科学. 社会科学版）, 2008 (4)：125–132, 144.

❸ 陈鹏. 国家—市场—社会三维视野下的业委会研究——以B市商品房社区为例 [J]. 公共管理学报, 2013, 10 (3)：75–89, 140–141.

❹ 朱喜群. 社区冲突视阈下城市社区多元治理中的权力博弈——以苏州市D社区更换物业公司为考察个案 [J]. 公共管理学报, 2016, 13 (3)：49–60, 155.

❺ 江立华, 梁贤艳. 娘家与亲家：城市居民小区良性治理关系的生成机制研究 [J]. 吉首大学学报（社会科学版）, 2018, 39 (1)：49–55.

❻ 陈荣卓, 刘亚楠. 社区物业治理共同体的形塑与发展——基于H街道社区物业治理的观察 [J]. 社会主义研究, 2020 (6)：134–142.

合作协同关系，还需要协调好重塑基层政府管理服务功能与激发业主参与积极性之间的平衡。围绕如何实现多元共治，学者们展开了讨论。

一是构建多中心的治理结构。徐以民和朱伟认为可以通过建构多中心治理合作机制破除小区治理困境。具体措施包括：改进业主自治规范体系，构建业主自治领域政策网络，搭建开放性协商系统和协商性待议系统平台，消除私利主义，促进各治理主体向合作型转变。❶ 于海利和樊红敏建议通过党建融合、行政吸纳和完善法律法规三大手段引导业委会融入社区治理体系。❷

二是理顺各主体之间的权力关系。蒋俊明指出业委会与社区治理其他主体的权力关系、业委会自身的权力结构是制约业委会功能发挥的关键因素；一方面应强化业委会权力，使其拥有参与社区治理决策的投票权；另一方面应赋予业委会法人资格、理顺业主大会和业委会的关系；通过上述两种方法优化业委会的权力关系，引导其良性发展。❸ 张振和杨建科从空间生产的视角指出商品房社区存在空间关系异化现象；资本扩张，国家权力干预和业主空间失语是社区空间异化的根源；主张在商品房小区基于建管分离的原则，通过限制资本的空间扩张，构建协商共治机制，抗衡国家权力的过度干预，成立业委员指导委员会，来重建业主话语空间。❹ 田先红和张庆贺认为治理主体缺位和治理主体关系失衡是小区治理失灵的主要原因；借助元治理理论，他们认为国家和政府需要发挥主导地位，通过补位重塑治理体系；基层政府可以通过购买社工服务培育社会组织激活业主参与的动力；基层政府还可以通过创建协作平台和规制权力分配促进不同主体之间的合作。❺ 高峥主张党建引领业主自治，但要厘清党建引领业主

---

❶ 徐以民，朱伟. 业主自治及其实践困境的消解——基于多中心治理的阐释 [J]. 北京理工大学学报（社会科学版），2013，15（5）：87-97.

❷ 于海利，樊红敏. 社区社会组织融入基层社会治理体系研究——以 C 社区业主委员会为例 [J]. 郑州大学学报（哲学社会科学版），2021，54（1）：14-18.

❸ 蒋俊明. 利益协调视域下城市社区治理结构的改进 [J]. 城市问题，2014（3）：80-84，101.

❹ 张振，杨建科. 城市社区的空间关系异化：生成机理与治理机制——基于空间生产视角的分析 [J]. 学习与实践，2017（11）：82-88.

❺ 田先红，张庆贺. 再造秩序："元治理"视角下城市住宅小区的多元治理之道 [J]. 社会科学，2020（10）：94-106.

自治中的责任主体边界、权力约束边界和有效决议边界。❶ 李小博认为居委会和业委会理论上都是自治组织，居委会应该回归自治本质，转变对业委会的态度，从领导和管理转向服务和帮助，提高自身专业化水平，树立角色权威，引导业委会实现自治。❷

三是加强对业委会的监管。陈淑云和唐将伟提出要加强党组织对小区治理主体的渗透，发挥党员在城市社区治理中的带头作用，推行双向进入交叉任职，提倡符合条件的社区干部兼任业委主任，鼓励业委会成员担任社区居委会兼职委员。❸ 赵祥云指出业委会存在社区治理导向、业主维权导向和追逐私利导向三大运行逻辑；业委会运作受到制度、结构和行动三重合法性的影响；业委会治理困境的主要原因是制度法规不健全，业主关联性低，业主缺乏社区认同；提出加强制度建设、避免业委会异化、打造社区生活共同体的对策建议。❹ 袁青认为应该优化业主自治的机制设计；重视党建引领，在小区内加强党支部和党小组建设工作，打造公益心和责任感强的自治队伍；推进居委会和业委会交叉任职和自治联动；探索业主自治的多种实现形式。❺

2.3 研究述评

当前，小区治理已成为一个跨学科的综合性研究议题，与此相关的研究非常多，成果丰富，具有很强的参考和借鉴意义。通过文献整理，已有研究可以分为五个类别。

---

❶ 高峥. 党建引领基层社区业主自治的虹桥实践［J］. 中国领导科学，2020（2）：88-93.
❷ 李小博. 城市社区多元主体关系困境及其破解的法治路径［J］. 领导科学，2020（18）：24-27.
❸ 陈淑云，唐将伟. "三方联动"视阈下城市社区治理再思考——基于武汉创新社区治理样本的分析［J］. 城市发展研究，2017，24（5）：98-104.
❹ 赵祥云. 业主委员会参与社区治理的多重合法性及运行逻辑——基于对苏州市相城区R小区的分析［J］. 深圳社会科学，2019（4）：70-77，157.
❺ 袁青. 破解自治困境：住宅小区业主自治的实践逻辑与优化［J］. 湖南行政学院学报，2020（6）：22-31.

一是国家-社会关系视角。国家-社会关系视角的研究采用了一种宏观问题微观切入的研究策略，将小区作为观察社会生活的独特窗口，展开了方法论意义上的社区研究，产生了一大批非常有价值的学术成果。但该研究视角也存在一定的局限性。首先，在分析单位上，国家-社会关系视角要求研究者将国家和社会整体化和实体化。这需要研究者忽略国家和社会内部的分化、冲突和矛盾，因而降低了研究者从更微观层面揭示国家-社会关系变化的能力。其次，国家-社会关系视角既可以是解释性框架也可以是规范性框架。这对研究者的框架应用能力提出了较高的要求。最后，国家和社会看似界限分明，但在实践中很难分清行动者究竟是属于国家，还是属于社会。分析对象身份的模糊性也给国家-社会关系视角的应用造成了困难。

二是业主维权视角。业主维权视角回应了我国房地产行业和物业管理行业快速发展过程中产生的业主权益受损问题。该视角通过分析业主维权的行动动因、行动策略和成败影响因素，为国家应对业主维权事件，维护基层社会稳定提供了有价值的参考性建议。近年来，这部分研究的数量开始减少，反映出业主维权视角的解释力正在减弱。其背后的主要原因有三方面。首先，研究聚焦于偶发性的维权事件，将业主阶段性的维权行为与常态化的小区治理行为割裂开来，没有触及小区治理的日常运作规律和基本运行逻辑，无法指导常态化的小区治理工作。其次，研究大多采用案例分析方法，通过深入描述单个小区的业主维权故事，揭示不同利益群体的复杂博弈过程，研究结论的推广性不足。最后，随着我国物业管理法律法规的日趋完善，政府对物业管理行业监管的日益增强，基层物业纠纷多重调解机制的逐步建立，业主维权在性质、规模、影响程度等方面都发生了深刻的变化。换言之，当小区业主从维权走向治理，以维权为中心的研究将失去其现实基础。

三是业主自治视角。业主自治视角强调小区治理依赖业主参与，业主自主治理是小区善治的关键。这部分的研究敏锐地关注了我国业主日益增长的物权意识，从分析业主自治制度的缺陷和业主自治实践的不足两方面着手，探讨提升业主自治能力的可行性路径。近年来，这部分研究的数量开始快速增长,但遗憾的是,一些关键性的问题尚没有得到根本性的解决。例如,业主自治究竟是什么?是物业管理,还是基层社会治理模式?业主自治的能力如何测量?当前业主自治的水平究竟如何?核心概念的模糊、测量方法的缺失及事实的碎片化导致相关研究停留在问题导向式的规范性论证,无法上升至理论的高度。

四是公共池塘资源治理视角。公共池塘资源治理视角致力于解决"以公地悲剧"和"反公地悲剧"为代表的个体理性与集体理性相背离的社会困境。针对此种社会困境,埃莉诺·奥斯特罗姆创新性地提出了用户自主治理的理念。沿着埃莉诺·奥斯特罗姆的足迹,不少国内学者对小区的公共池塘资源治理展开了深入的研究,如中国人民大学的陈幽泓及其团队、南京理工大学的朱宪辰及其团队、同济大学孙荣及其学生雷岁江、上海财经大学王峰及其团队、中国政法大学杨玉圣及其团队等。这部分的研究早期数量可观但面临着后继乏力的困境。其背后的原因有三方面。首先,我国住宅物业管理经历了由传统的住房管理向市场化的专业管理过渡的过程。绝大多数小区还没有成立业主大会和业委会,业主集体行动在小区治理中的重要性尚未得到各方的足够重视。其次,小区治理有关的经验数据存在收集成本高、难度大的现实困境;这阻碍了自主治理理论在小区治理场景中的验证和拓展。最后,相较于其他公共池塘资源(如水资源、林业资源、农村基础设施、草场),小区公共池塘资源状况的恶化比较隐蔽,无法吸引更多的学者关注。

五是多元主体共治视角。多元主体共治视角是在我国治理重心逐步下移,小区物业管理纳入社区治理体系的大背景下逐渐兴起的研究方向。采用该视角研究的基本观点是小区治理乱象是治理主体能力不足和治理主体间关系失序造成的,主张通过引入多元主体共治的治理结构、治理体系和治理工具提升治理主体的能力,理顺治理主体间的关系,进而提升小区治理水平。近年来,这部分研究的数量呈现逐年增长的趋势,但其后续的拓展也面临着一些突出的问题。例如,小区治理是否等价于社区治理?业主自治和居民自治的边界在哪里?多元主体共治是致力于解决小区治理中的具体问题还是再造小区公共性?

虽然本书将已有文献划分为五个类别，但这些文献之间并非毫无关联。例如，有关国家－社会关系的讨论会出现在其他四个类别的文献中。在业主维权和业主自治研究中，国家扮演着监管者的角色；在公共池塘资源治理研究中，国家是制度性、结构性变量的化身；在多元主体共治视角中，国家是引导者和参与者。而在国家－社会关系、公共池塘资源治理和多元主体共治视角的研究中，业主维权和业主自治又成为研究者的观察对象，借以讨论更大的理论问题。因此，五个类别的研究共同构建了小区治理的理论基础。然而，审视这一理论基础，不难发现许多基本概念之间的关系尚未厘清。特别地，小区治理的本质是什么？它是物业管理吗？是业主自治吗？是业主维权吗？是社区治理吗？如何测量小区治理的水平？小区治理水平究竟受到哪些因素的影响？小区治理中业主的自治意识如何？小区治理中居民的参与情况如何？本书的后续章节将回答这些问题。

第 3 章 小区治理的定义及发展历程

小区是城市基层社会治理的最后一公里。如何识别、提升小区治理水平是学界和实务界共同关注的问题。然而，无论是学术研究还是公共政策实践，小区治理的概念都存在内涵模糊和使用泛化的情况。因此，本章旨在厘清小区治理的本质特征，为学术探讨和制度设计提供支持。

3.1 关键概念界定

3.1.1 治理

英语中治理（governance）一词源于拉丁文和古希腊语，其原意是"控制、引导、操纵和掌舵"[1]。早期，治理与统治（government）是同义词，主要用来描述国家在公共事务管理和政治活动中的行为。20 世纪 90 年代以来，治理的语义被拓展。它开始超越政府统治这一传统的经典意义，成为公共机构经济学、国际关系、组织研究、发展研究、政治科学、公共管理等众多研究领域的时髦用语，展示出旺盛的生命力。治理理念的兴起在于它为现代社会中的复杂决策问题提供了一种解决方案。它认为涉及集体行动的利益相关方存在权力依赖。它肯定了政府以外的团体在解决

---

[1] 俞可平. 引论：治理与善治 [M] //俞可平. 治理与善治. 北京：社会科学文献出版社，2000：1-15.

集体关切问题上能够做出的贡献。它强调公共政策制定中的纵横协调、多元和不统一；❶它比等级制和市场更适应各子系统和网络日趋独立的现代社会环境，能在经济、政治和社会的协调方面发挥作用。❷

就公共事务管理来看，治理是一种新的管理方式。治理是"在众多不同利益共同发挥作用的领域建立一致或取得认同，以便实施某项计划"的过程。❸治理所追求的终极目标是"创造条件以保障社会秩序和集体行动"；在产出目标上，治理与传统的统治并没有明显的差异；其主要差异体现在过程上。❹治理意味着在过程中并不只依靠政府的权威，而是各种公共的或私人的个人和机构一起，调和冲突或不同的利益以达成共同目标。❺治理不是一整套既定的规则和制度，也不是一种活动，而是一种持续互动的过程，其过程基础是协调而不是控制。

由于治理的内涵比较丰富，学界对它的解读不尽相同。现有比较常见的治理定义有六种。一是作为最小国家的管理活动的治理；二是作为公司管理的治理；三是作为新公共管理的治理；四是作为善治的治理；五是作为社会-控制体系的治理；六是作为自组织网络的治理。❻

3.1.2 善治

善治一词来自英文短语 good governance，意思是好的治理。善治是对治理结果的价值评价。因此，要想厘清善治的本质，就必须明确治理的内涵。

---

❶ 阿里·卡赞西吉尔. 治理和科学：治理社会与生产知识的市场式模式 [M] //俞可平. 治理与善治. 北京：社会科学文献出版社，2000：127-147.

❷ 鲍勃·杰索普. 治理的兴起及其失败的风险：以经济发展为例的论述 [M] //俞可平. 治理与善治. 北京：社会科学文献出版社，2000：52-85.

❸ 辛西娅·休伊特·德·阿尔坎塔拉."治理"的概念的运用与滥用 [M] //俞可平. 治理与善治. 北京：社会科学文献出版社，2000：16-30.

❹ 格里·斯托克. 作为理论的治理：五个论点 [M] //俞可平. 治理与善治. 北京：社会科学文献出版社，2000：31-51.

❺ 全球治理委员会. 我们的全球伙伴关系 [R]. 牛津大学出版社，1995.

❻ 俞可平. 引论：治理与善治 [M] //俞可平. 治理与善治. 北京：社会科学文献出版社，2000：1-15.

在其他的治理定义下，将善治的内容具体化。如果将治理定义为作为善治的治理。那么，善治和治理具有相同的含义，意思是最佳的管理方式。如果将治理定义为作为社会-控制系统的治理；善治就是"使公共利益最大化的社会管理过程"；它要求一种新颖的国家和社会关系，即国家和社会对公共生活开展合作治理；善治有一些基本特征，如合法性、透明性、责任性、回应性、有效性和稳定性。❶ 这些特征构成了善治评价的标准。如果将治理定义为作为自组织网络的治理，那么善治就是不同利益团体共同发挥作用成功实施某些行动的过程。例如，美国学者埃莉诺·奥斯特罗姆在研究公共池塘资源治理时就将善治定义为利益相关方通过集体行动维系资源可持续利用的过程。因此，只有结合具体的治理情境，才能明确善治的内涵。

3.1.3　城市社区治理

城市社区是指聚居在一定地域范围内的人们所组成的社会生活共同体，其地域范围对应于我国社区体制改革后做了规模调整的居委会辖区。城市社区是我国城市最基层的行政单位。改革开放以来，社区在社会管理中的作用逐渐被重视。20世纪80年代，民政部首先提倡和推动社区服务；20世纪90年代后期，民政部开始试点社区建设并推广到全国。2013年，党的十八届三中全会提出了推进国家治理体系和治理能力现代化的改革总目标，社会管理话语全面被社会治理话语所取代。社区治理理念开始引领社区实践。

社区治理中的治理主要是从作为社会-控制体系的治理定义出发，强调政府与民间、公共部门与私人部门之间的合作与互动。具体来看，社区治理是指党、政府部门、社区组织、居民及辖区单位等多元利益主体共同管理社区公共事务、有效供给社区公共物品、满足社区需求、优化社区秩

---

❶ 俞可平，李景鹏，毛寿龙，等. 中国离"善治"有多远——"治理与善治"学术笔谈[J]. 中国行政管理，2001（9）：15-21.

序的过程。❶ 不同于社区管理中的政府单项管理,社区治理展示了多元主体合作的逻辑。它在整合现代社会生活中日趋原子化的个体、再造社区公共性方面更具优势,因而能够促进社区的可持续发展。在实践层面上,当前我国社区治理的内容较多,包括社区服务、社区安全、社区综合治理、社区环境及物业管理、社区文化和精神文明建设、社区社会保障和社区福利等。随着社会化治理重心下沉到社区,社区治理的内容将日趋丰富。

3.1.4 物业管理

物业一词对应于英文中的 property 或 real estate,其原意是地产、房地产、不动产等。根据《辞海》的解释,物业在现代汉语里面是指已投入使用的各类房屋及与之配套的设备、设施和场地。物业有多种业态,包括住宅小区、商业大厦、办公楼宇、酒店、厂房仓库等。本书中的物业特指住宅小区。物业管理对应英文中的 property management,意思是指"对物业的管理"❷。物业管理理念最初诞生于英国,随后扩展至全球;不同于传统的住房设施管理,它提倡用现代管理科学和技术对房屋及其附属设施进行管理和养护,以达到延长它们的使用寿命,维持甚至增加它们价值的目的。❸

在我国,物业管理的诞生与住房制度改革密不可分。改革前,住房由国家和单位分配管理;改革后,住房产权逐渐个人化,倒逼住房管理模式变革,由此催生出了物业管理制度。物业管理制度是一种"在住宅小区管理中发展多种所有制形式的物业管理企业和社会化的房屋维修管理服务的制度"。其目标是在"住宅小区逐步推行社会化、专业化的管理模式"。早期,物业管理制度提倡市场化的物业管理模式,鼓励小区由物业服务企业统一实施专业化的管理。一个比较明显的证据就是在《物业管理条例》

---

❶ 盛智明,周晴. 权力空间与治理绩效基于"上海都市社区调查"的分析［J］. 社会,2021,41(5):1-30.
❷ 朱新贵. 城市住宅物业管理的概念嬗变与路径选择［J］. 城市问题,2021(7):83-90.
❸ 李爱斌. 北京市业主委员会发展调研报告［M］//唐娟. 城市社区业主委员会发展研究. 重庆:重庆出版社,2005:110-156.

中，物业管理被界定为"业主通过选聘物业服务企业，由业主和物业服务企业按照物业服务合同约定，对房屋及配套的设施设备和相关场地进行维修、养护、管理，维护物业管理区域内的环境卫生和相关秩序的活动"。随着物业管理行业的快速扩张发展，其带来的问题也逐渐凸显，如前期物业管理招投标无法保障业主利益、管理服务差、乱收费现象严重、侵吞公共收益、经营模式单一、物业服务合同中的服务条款不清等。

上述问题促使学界和公共政策实践反思现有的物业管理制度。学者们发现物业管理并非只有一种模式。有学者依据物业服务企业的来源将物业管理模式划分为：房管部门转制成立的物业服务企业管理模式，房地产开发公司组建的物业服务企业管理模式，街道办及居委会聘请的物业服务企业管理模式。❶ 有学者依据责任主体将物业管理模式划分为：单位直管模式、业主自管模式、居委会代管模式、物业服务企业单独管理模式、物业服务企业和业委会共管模式。❷ 还有学者依据物业管理的实施机制将物业管理模式划分为，市场化运作、住户内部协作和行政兜底。当前国家也认可和承认物业管理模式的多样性。《民法典》第二百八十四条规定："业主可以自行管理建筑及其附属设施，也可以委托物业服务企业或者其他管理人管理。"在住房和城乡建设部等部门印发的《关于开展城市居住社区建设补短板行动的意见》中也提到："鼓励引入专业化物业服务，暂不具备条件的，通过社区托管、社会组织代管或居民自管等方式，提高物业管理覆盖率。"

顺应上述研究和实践趋势，本书将物业管理定义为对房屋及其辅助设备、设施的管理。它包括但不局限于建筑及其附属设施的维护和修缮、绿化整治、卫生清洁、出入交通管理、治安秩序维持等方面的内容。该定义方式更具包容性和适应性。因为它将关注的重点放在物业管理的客体而不是主体上，因此能够覆盖现实中的绝大多数物业管理实践模式。

---

❶ 黄安永. 现代房地产物业管理 [M]. 南京：东南大学出版社，2003：107-114.
❷ 张金娟. 住宅小区管理模式选择研究 [J]. 经济管理，2013，35 (4)：175-182.

3.1.5 业主自治

业主是法律意义上的房屋所有权拥有者，即有房者（homeowner）。自治是自我治理、自主治理或自行治理（self-governance）的简称。❶ 自治是一种区别于他治的治理模式，它是指个人或团体在不受外部权威干预的情况下行使必要监管职能的过程。❷ 自治通常与独立、自控、主权、自决、自由等词汇密切相关。

前文中提到，国内学界对业主自治的理解形成了"物业管理说""公共事务治理说""基层治理模式说"和"权利义务实践说"四种观点。虽然这四种观点都有其合理性，但它们未能准确把握我国业主自治实践中的基本矛盾和冲突。本书认为业主自治是房屋所有权拥有者自行或自主对房屋及其附属设施进行管理而不受外部权威干预影响的过程。这个定义更具操作性，更契合我国业主自治实践的现状和发展趋势。

首先，业主自治包括确权和行权两个阶段。❸ 确权是指业主在实践层面获得业主自我管理的权利，确立业主的主体地位。行权是指业主在日常过程中行使业主自我管理的权利，管理小区公共部分和共有设施。业主通过确权将生硬的法律条文变成鲜活的权利实践，同时保障业主行权的正当性和合法性。业主通过行权加深自身对自治权的理解，通过实践实现对自治权的保护。因此，确权和行权是两个紧密联系互为支撑的阶段。

其次，我国业主自治的确权过程比较曲折，容易受到其他利益相关方（如开发商、物业服务企业）的干扰和阻碍。具体来看，在小区设计和建造阶段，开发商是小区的唯一产权人，拥有对小区的绝对管理权利。随着小区建造完成进入售卖阶段，购买了小区住宅和经营性住房的业主与开发

---

❶ 何艳玲. 业主自我管理和维修基金的重要性［C］//和谐社区通讯 2010 年第 4 期（总第 10 期），2010：70-72.

❷ 夏建中. 北京城市新型社区自治组织研究——简析北京 CY 园业主委员会［J］. 北京社会科学，2003（2）：88-94.

❸ 肖林. 业主社区的兴起及其自主治理［J］. 中国治理评论，2013（2）：42-64.

商一道成为小区的产权所有者,他们共同承担小区的管理责任。理论上,开发商售卖完毕后应退出小区管理,将小区的管理权利全部让渡给业主。但实践中,存在一些开发商不愿退出,通过设立物业服务企业子公司的方式,把持小区管理,阻碍业主自治。除开发商以外,前期物业服务企业也有可能出于利益需要,专断小区管理事务,拒绝承认业主在管理活动中的知情权和参与权。因此,在概念界定中强调不受外部权威的干涉对于把握业主自治的本质非常必要。

再次,我国业主自治的行权过程也并不顺利,这表现为业主自治意识不强,集体行动能力弱。当前世界绝大多数国家和地区都鼓励业主自主/自行对共有产权住宅进行共同管理。以美国为例,小区业主依托业主组织开展自治活动。该业主组织具有法人地位,依据管理规约对小区进行综合治理,业主组织统管小区财政,监管物业服务质量,约束业主行为,具有私人政府(private government)的称号。❶ 然而,我国绝大多数小区没有成立业主组织,业主自治形同虚设。即使在成立业主组织的小区,自治失败的案例也比比皆是。例如,业委会不作为,不参与小区管理,仅为摆设;业委会陷入寡头统治和派系斗争,业主内耗严重,无法高效快速做出集体决策;业委会依靠"强人""能人"运作,一旦"强人""能人"离开,业委会就陷入瘫痪;业委会成员以权谋私和贪污,引发业主信任危机;业委会缺乏物业管理知识,决策错误,陷入物业纠纷。❷ 因此,在概念界定中强调自主和自行管理对于促进业主担负起自治责任非常重要。

最后,业主自治的任务是对房屋及其附属设施进行管理。早期,国内学界对业主自治寄予了厚望。业主自治被认为是"公民社会的先声"❸"城

---

❶ MCCABE B C. Homeowners associations as private governments: What we known, what we don't know, and why it matters [J]. Public administration review, 2011, 71 (4): 535-542.

❷ 石发勇. 业主委员会、准派系政治与基层治理——以一个上海街区为例 [J]. 社会学研究, 2010 (3): 136-158; 盛智明. 城市社区治理中的"强人政治"与公共性困境 [J]. 河北学刊, 2016, 36 (6): 160-164.

❸ 夏建中. 北京城市新型社区自治组织研究——简析北京CY园业主委员会 [J]. 北京社会科学, 2003 (2): 88-94.

市基层社会民主发育的一条可行路径"❶ "社区治理三驾马车的成员"❷、担纲着城市公共空间和社区社会资本培育的使命。但过去三十年来,城市小区业主组织的组建比例并不高,全国比例大约在30.00%。不同城市业主组织的组建情况也存在较大差异。例如,上海市业委会的组建率高达92.47%❸;而南宁市的业委会组建率仅为12.43%❹。因此,本书从物权衍生出的管理安排出发看待业主自治,将业主自治的核心任务限定在小区物业管理的范畴。这样有助于缩小研究范围,更好地聚焦业主自治的关键性问题,也能方便地比较国内外的制度和实践。

此外,关于业主自治还有两点需要特别强调。一是业主自治不等于业主直管。这意味着业主自治并不要求业主事无巨细地亲自参与每一项物业管理活动。❺ 事实上,业主自治实践中存在大量自治所有权和管理权分离的情况,形成了多种多样的实践模式。例如,加拿大共管式公寓采用了"业主董事会+物业经理+签约外包服务商"的业主自治形式;芬兰连排房屋采用了"住宅公司+业主股东+公司董事会"的业主自治形式;中国香港地区的公寓大厦的业主自治实践有"业主立案法团+物业服务企业""业主立案法团+职业物业经理人+专业服务承包商""业主委员会+物业服务企业""业主立案法团+专业服务承包商"等多种形式。我国业主自治可以依托业主大会和业委会展开。业主将对公共部分的物业管理权委托于业主大会,保留所有权。作为业主管理权代理人,业主大会还可以将部

---

❶ 桂勇. 略论城市基层民主发展的可能及其实现途径——以上海市为例[J]. 华中科技大学学报(社会科学版),2001(1):24-27.

❷ 李友梅. 基层社区组织的实际生活方式——对上海康健社区实地调查的初步认识[J]. 社会学研究,2002(4):15-23.

❸ 新民晚报. 细化运作规范申城业委会组建高达92.47%居全国第一[EB/OL]. (2019-06-24)[2022-03-29]. https://baijiahao.baidu.com/s?id=1637188170158304288&wfr=spider&for=pc.

❹ 张义斌,李琼波. 基于社区治理视角的住宅物业服务发展现状及提升路径分析——以南宁市为例[J]. 住宅与房地产,2020(33):10-11.

❺ WALTER S M. Transaction costs of collective action in Hong Kong high rise real estate[J]. International journal of social economics,2002,29(4):299-341.

分管理权委托于业委会,由业委会执行业主的集体意志。❶业主大会和业委会可以聘请物业服务企业,由物业服务企业负责不涉及重大决定的日常管理事务。聘请物业服务企业的模式依据付费方式还可以分为包干制、酬金制、信托制和丽娜制等形式。

二是,业主在自治中需遵循协商原则就小区的重大事项进行集体决策。例如,制定和修改业主大会议事规则;制定和修改管理规约;选举业委会和更换业委会;选聘和解聘物业服务企业或者其他管理人;使用建筑物及其附属设施的维修资金;筹集建筑物及其附属设施的维修资金;改建、重建建筑物及其附属设施;改变共有部分的用途或者利用公用部分从事经营活动。集体决策采取投票表决的方式,具体可参照《民法典》第二百七十八条。协商民主是业主自治的基石,在调动业主积极性、防止权力滥用、杜绝寡头统治、提升自治效果上能够发挥重要作用。

3.1.6 业主组织

业主自治通常依托业主组织进行。组织是人们为了实现一定的目标结合而成的团体,业主组织是业主方便对小区共有部分和共有设施进行管理而成立的团体。我国业主组织是小区业主依据《民法典》成立的合法性组织,即业主大会和业委会。业主大会成员包括物业管理区域的所有业主,其组织目标是代表和维护成员在物业管理活动中的合法权益。业主大会决定以下事项:"制定和修改业主大会议事规则、制定和修改管理规约、选举业主委员会或者更换业主委员会、选聘和解聘物业服务企业或者其他管理人、筹集和使用专项维修资金、改建重建建筑物及其附属设施、改变共有部分的用途或者利用共有部分从事经营活动、有关共有和共同管理权利的其他重大事项。"❷业主大会会议是业主大会的意思形成机关,分为定期

---

❶ 朱登轩.社区物业管理中业主自治的双重委托代理模式研究——基于上海市多个商品房小区的对比[J].上海房地,2021(12):42-47.

❷ 中国人大网.中华人民共和国民法典[EB/OL].(2020-06-02)[2022-03-29].http://www.npc.gov.cn/npc/c30834/202006/75ba6483b8344591abd07917e1d25cc8.html.

会议和临时会议两种类型。其中定期会议按照业主大会议事规则的相关规定召开，临时会议由20%以上的业主提议召开。业委会是业主大会的执行机构，它由业主大会依法选举产生，执行业主大会决定的事项，履行业主大会赋予的职责，包括召集业主大会会议，报告物业管理的实施情况；代表业主与业主大会选聘的物业服务企业签订物业服务合同；及时了解业主、物业使用人的意见和建议；监督管理规约的实施；以及业主大会赋予的其他职责。❶

许多国家的法律都鼓励业主采取组织化的形式对共有产权住宅进行管理。如表3-1所示，许多国家的法律体系中都有描述业主组织的术语。虽然国内外业主组织的主要工作基本相似，如管理公共部位和共有设施、执行管理规约、与物业服务提供商订立合同并监督其服务、监督物业管理费和维修基金的收取和使用、组织召开业主大会及法律要求的其他事项，但它们也存在一些明显的差异，主要体现在以下几个方面。

表3-1　一些国家的业主组织名称

国家/地区	建筑物类型	业主组织名称
美国	共同利益住宅小区（common interest development）、共管公寓（condominiums）	业主协会（Homeowner Association）
英国	共有产权住宅（commonhold housing）	共有产权委员会（Commonhold Association）
新加坡	分契业权住宅（strata title housing）	管理法团（Management Corporation）
新西兰	单位所有权住宅（unit title housing）	法人团体（Body Corporation）
芬兰	合作公寓（housing corperatives）	住房公司（Housing Company）
日本	集合住宅（condominiums）	业主理事会（Homeowners Council）

一是法人地位。一些国家的法律体系赋予了"业主大会可基于意思自

---

❶ 中国人大网. 中华人民共和国民法典［EB/OL］.（2020-06-02）［2022-03-29］. http：//www.npc.gov.cn/npc/c30834/202006/75ba6483b8344591abd07917e1d25cc8.html.

治依法成立为法人"的权利。❶ 例如，美国业主协会可登记为法人；新加坡业主可成立管理法团。而我国法律尚没有明确业主组织是否具有法人资格。❷ 一种观点认为业主大会是我国建筑物区分所有权人团体，主张将其法人化或界定为非法人组织；❸ 另一种观点认为"业主大会仅仅是业主讨论、决定公共事务的非常设组织，不具有实体性，无法与其他民事主体形成法律关系"；❹ 还有一种观点认为业主大会既是管理业主共有财产和共同事务的自治组织，也是业主管理内部的机关，可以定位为非营利法人。❺

二是公司化运作。一些国家采用公司化的方法设定业主组织架构。例如，芬兰的合作公寓就是由业主成立的住房公司进行管理。住房公司的最高权力机构是业主股东大会，业主股东大会选举董事会，再由董事会选聘职业经理人，负责公司的日常管理。业主股东大会制定公司章程，且享有对重大事项决策的权利，如同意预算、商定物业管理费用、审定财务报告。业主股东大会通过财务审计监督董事会和职业经理人的工作。单个业主不参与公寓的日常管理，他们大多只关心公寓的房价，就像股民关注公司股票一样。❻ 我国业主组织不具备公司化的治理结构。其组织形态比较松散，类似于城市基层群众性自治组织（居民会议和居委会）。虽然也有小区业主自己成立物业公司开展管理活动，如深圳罗芳苑小区、北京的建外 SOHO 西区、长沙的雨花机电市场、西安的东方星座小区等，但这样做的小区是极少数，不具有普遍性。

三是管治权力。一些国家的业主组织在约束业主行为上非常强势。它

---

❶ 于凤瑞. 民法典编纂中业主大会的法律属性与财产责任 [J]. 北方法学，2018，12 (6)：44 - 53.

❷ 连重阳. 论业主大会的民事主体定位 [J]. 新疆大学学报（哲学·人文社会科学版），2020，48 (6)：43 - 51.

❸ 吴越. 业主委员会法律地位的确认 [J]. 上海房地，2020 (5)：49 - 51.

❹ 同❶.

❺ 汪俊英. 社区自治的法治化：理论基础、制约因素、实现路径 [J]. 学习论坛，2022 (2)：129 - 136.

❻ ROSENBLUM N C. Democratic education at home：Residential community associations andour 'Localism' [J]，The good society，1997，7 (2)：12 - 15.

们像政府一样收取物业费，能够采取多种手段对业主进行管治。❶ 例如，美国业主协会能够依据管理规约要求行为人停止侵害、排除妨碍、恢复原状和赔偿损失。在一些极端情况下，业主协会可以起诉行为人，甚至要求法院拍卖行为人的房屋以赔偿损失。与之相比，我国业主组织在约束业主行为上表现得非常无力。首先，我国业主组织不具备诉讼主体资格，无法对行为人发起诉讼。其次，《民法典》虽然赋予业主组织要求行为人停止侵害、消除妨碍，赔偿损失的权利，但如果行为人拒绝配合，业主组织也只能向行政主管部门投诉，请求他们介入处理。再次，《民法典》规定如果行为人认为业主组织的决议侵害了他的合法权益，可请求法院撤销决议。最后，现行制度下管理规约只是业主有关共同管理权利的协议，它无法起到强约束的作用。❷

四是独立性。一些国家的业主组织能够在不受外界权威干扰的情况下独立处理小区公共事务。例如，美国业主协会在小区管理上具有绝对的话语权。政府一般不介入业主协会的管理。即使业主对协会的决议不满也只能通过法律途径捍卫自己的权利。此外，业主组织拥有独立的银行账户，直接管理小区的财政，统筹物业管理费、维修基金和公共区域收益。与之对比，我国业主组织在独立性上比较欠缺。首先，业主组织的成立和运作受到所在地的区、县房地产行政主管部门和街道办事处、乡镇人民政府、居民委员会的指导和监督。其次，小区专项维修资金由所在地的区、县房地产主管部门代管，业委会没有自己独立的银行账户，无法自行管理小区各项收支，常常需要物业服务企业协管。最后，实际运作中，业委会有自动向体制内组织靠拢的需求，从而获取政治资源和权威背书，增加其合法性。❸

---

❶ 李利文. 国外业主组织研究的范式、流派及其发展趋势 [J]. 国外理论动态, 2016 (5): 123 – 132.

❷ DENG F. Private governance under public constraints [J]. Post communist economies, 2011, 26 (3): 324 – 340.

❸ 盛智明. 制度如何传递? ——以 A 市业主自治的"体制化"现象为例 [J]. 社会学研究, 2019, 34 (6): 139 – 163, 245.

3.2 小区治理概念的探讨

3.2.1 小区治理理念兴起的原因

治理最早是由政治学家、经济学家和管理学家提出的概念。他们目睹了社会资源配置中国家失效和市场失灵的现象，主张通过一种新的方式来配置社会资源以达到帕累托最优，因而提出了治理的概念。治理强调多元利益主体的合作，在协商对话中达成共治目标，是一种理想的管理形式。20 世纪 80 年代以来，治理成为社会科学领域中的时髦概念。然而，治理理念在我国小区管理领域中的兴起绝非单纯赶时髦，而是有着充分的现实需要。

一是住房制度改革以来，我国小区管理遭遇了国家退出和市场失灵的双重困境，亟须一种新的管理理念。具体来看，住房制度改革前，我国一直实行单位住房福利制度，住房由单位建设、分配和管理。早期，单位福利住房制度在保障职工基本需求方面发挥了巨大的作用。但实物分配和低租金的福利属性定位限制了住房投资建设和管理渠道，使得住房增量长期低位徘徊，存量住房状况难以改善。1988 年国务院发布了《关于在全国城镇分期分批推行住房制度改革实施方案的通知》，开启了住房商品化改革的大幕。1994 年，国务院发布了《关于深化城镇住房制度改革的决定》在住房商品化的基础上提出了改革现行城镇住房管理体制，推行市场化和社会化的房屋维修管理服务。由此，国家开始逐步退出住房建设和管理，小区管理也逐渐成为一个新的公共空间。在这个新的公共空间，物业服务企业凭借其市场化和专业化优势成为治理的重要参与者，避免了国家退出后的管理真空问题。随着生活水平的提高，城市居民对小区管理的要求从物业延伸至公共事务，但物业服务企业并不擅长处理小区公共事务。它们更多的是遵循商业逻辑，依据物业服务合同为居民提供特定事项的服务。因此，城市居民小区公共事务的管理需求无法被满足。此外，物业管理行业近三十年的快速扩张导致了许多严重的问题。在全国各地的许多小区中，因物业管理而引发的冲突纠纷每天都在上演，有些甚至困扰小区居民许多年。政府服务热线12345投诉事项中，物业管理投诉占比长期居高不下；法院受理的物业纠纷集体诉讼也表现出快速增长的势头；消费者对物业管理的综合满意度才刚刚及格，物业管理成为城市居民最不满意的居住问题。总的来说，以往的实践经验表明政府全权负责制和完全市场化的物业管理模式已不能满足居民的日益增长的小区管理需要，亟待改进当前的小区管理方式以更好地回应群众需要。

二是我国小区管理涉及多个利益主体，本质上要求多方合作。首先，我国城市小区采取建筑物区分所有权的产权制度安排，小区管理关乎全体业主的居住利益，离不开业主的集体行动。其次，有相当一部分城市小区聘请了物业服务企业，由物业服务企业负责日常管理事务。这需要业主、业委会、物业服务企业通力协作，厘清各方权利和义务，共同营造良好的居住环境。再次，小区物业管理属于城市基层社会治理的范畴，涉及住建、发改、自然资源、综合执法、环保、公安、消防、市场监管、园林、供电供气、水务等政府职能部门，还涉及街道办事处、居委会、社区社会组织等社区治理的重要主体。这需要政府在行政管理中条块结合，形成合力，开展整体性治理。最后，随着党建引领成为基层社会治理创新的重手，党组织在小区管理的核心领导作用也逐步体现出来，"党支部＋业委会＋物业"的协商议事机制成为小区管理的新举措。由此可见，小区管理涉及多个利益主体，传统的权威控制思维已不能满足小区管理的需要，多元主体合作的治理逻辑更具实践价值。

3.2.2 小区治理的客体

小区治理的客体包含两个方面。一是对小区公共事物的治理。公共事物对应的英文是commons。早期公共事物是指公共池塘资源，后来被不断扩展，目前泛指除私人物品以外带有公共属性的物品，包括公共池塘资源、公共物品和俱乐部物品。公共池塘资源是指低排他性、高竞用性的物品。小区范围内典型的公共池塘资源包括建筑物和共有设施设备，如建筑主体结构、外墙、大堂、电梯、楼梯、内部道路、绿地等。公共物品是指高排他性，低竞用性的物品。小区范围内典型的公共物品有安全环境、景观环境、安静氛围、和谐邻里关系等。俱乐部物品是指低排他性、低竞用性的物品。小区范围内典型的俱乐部物品有游泳池、健身中心、停车场等。公共事物治理主要是解决个体理性与集体理性相背离产生的"公地悲剧"和"反公地悲剧"问题，在保持公共事物可持续利用的前提下做到物尽其用。❶

二是对小区公共事务的治理。公共事务对应的英文是 public affairs。不同于公共事物强调共享之物，公共事务强调的是公众之事，更多地体现为过程，而不是结果。❷ 参考汪辉勇对公共事务的定义❸，本书将小区公共事务定义为与小区居民的共同需求、与公共物品和公共利益相关的事务或活动。典型的小区公共事务有制定和修改业主大会议事规则、制定和修改管理规约、选举业委会或者更换业委会、选聘和解聘物业服务企业或者其他管理人、筹集和使用专项维修资金、向第三方侵权者维权、定期召开业主大会。小区公共事务治理的目标在于通过发起和推进集体行动，生产出满足小区居民需求的公共产品或公共服务。

虽然公共事物治理和公共事务治理存在内容上的差别，但两者又有密切的联系。首先，它们都有"公共"二字，共同关注小区的"公共性"和"公共利益"。其次，它们相辅相成，互为推动。例如，如果小区业主能够组建业主大会选举业委会，就能够比较高效地对公共设施维修进行决策，进而延续其使用寿命；如果小区公共设施保养得当，就能够营造良好的居住环境，增强业主的归属感，有助于他们集体决策小区公共事务。

3.2.3　小区治理的主体

如 3.2.1 所述，小区治理的主体包括居民、业主、业委会、物业服务企业、居委会、街道办事处、政府职能部门、党组织、社区社会组织等。

---

❶ 王亚华. 公共事物治理概论 [M]. 北京：清华大学出版社，2022.
❷ 同❶.
❸ 汪辉勇. 公共事务概念分析 [J]. 广东社会科学，2020（1）：83-89.

在不同的小区，上述治理主体之间的权力关系并不相同，因而形成了不同的治理模式。常见的治理模式有业委会自管模式、业委会和物业服务企业共管模式、街道居委会代管模式、社区社会组织监管模式（如南宁的老友议事会）、党支部+业委会+物业服务企业管理模式、物业服务企业信托模式，等等。

3.2.4 小区治理的概念辨析

小区治理是一种新的住房管理方式。它是各利益主体通力合作对小区公共事物和公共事务进行治理的过程。当前对于小区治理的认识还存在一些误区需警惕。

首先，小区治理不是社区治理。小区治理主要依靠业主自治机制，社区治理主要依靠居民自治机制。前者凭借业委会，后者依托居委会。如表3-2所示，业委会和居委会在法律基础、组织性质、管辖范围、权利属性、资金来源、职责权限和运行依据等诸多方面都存在明显的不同。因此，小区治理不是社区治理。

表3-2　业主委员会和居民委员会的区别

类别	业主委员会	居民委员会
法律基础	《民法典》《物业管理条例》	《中华人民共和国宪法》《民法典》《中华人民共和国城市居民委员会组织法》
组织性质	顶层法律无明确界定	具有法人资格的群众性自治组织
管辖范围	特定小区（物业管理区划内）	特定性质区域（行政区划）
权利属性	建筑物区分所有权利束中的共同管理权（经济权利）	选举权（政治权利）
权威来源	业主大会选举	政府授权
成员产生	全体业主选举	街道提名，选举产生
成员数量	5~11个	5~9个
成员任期	五年	五年
组织架构	业委会—分委员会	居委会—分委员会 居委会—居民小组
资金来源	从物业管理费或公共收益中提取	政府财政拨款

续表

类别	业主委员会	居民委员会
职责权限	管理小区公共财产和处理小区公共事务	提供公共服务和社会福利
运行依据	管理规约、业主议事规则、业主大会决议	居民自治章程、居民公约、居民会议决议

资料来源：一部分资料来自盛智明．从小区到社区：城市业主行动及其结果［M］．上海：上海人民出版社，2019：52。另一部分资料来自笔者收集整理而成。

其次，小区治理不是物业管理。物业管理是指对物业的管理，强调运用先进的理念和技术提高管理效率、降低管理成本、维护甚至提升物业的价值。而小区治理的内容不仅是对物业的管理，还包括小区公共事务的治理。如果业主通过业主组织进行小区治理，那么治理内容还包括业主组织内部治理，即关注组织的代表性、合法性、组织结构、制度安排、组织效能等问题。

最后，小区治理不是业主自治。业主自治强调房屋所有权拥有者自行或自主对房屋及其附属设施进行管理而不受外部权威的干预和影响。虽然业主自治是小区治理的重要机制，但不是唯一机制。小区治理依靠利益相关方自组织的社会协调网络，该网络建立在信任和互利基础上，表现为"自组织的人际网络、经谈判达成的组织间协调，以及分散的由语境中介的系统间调控或驾驭"。[1] 参与者能够借助网络进行充分的交流和互换，以解决共同关注的问题，实现共同利益的最大化。

3.2.5 小区善治

如果将治理定义为作为自组织网络的治理，那么善治就是不同利益团体共同发挥作用成功实施某项行动的过程。按照该定义，小区治理是利益相关方对小区公共事物和公共事务进行治理的过程；小区善治就是利益相关方成功管理小区公共事物和处理小区公共事务的过程。那么，小区善治

---

[1] 鲍勃·杰索普．治理的兴起及其失败的风险：以经济发展为例的论述［M］//俞可平．治理与善治．北京：社会科学文献出版社，2000：52-85.

具有什么样的特点呢？

首先，业主自组织治理是达成小区善治的重要机制。我国《民法典》规定业主对小区共有部分享有共有和共同管理的权利，并承担相应的义务。因此，业主是小区治理的第一责任人。除了法律上的要求，实践中由业主通过自组织的方式对小区治理，还能够充分发挥业主的地方性知识与本土资源优势，更好地切合他们的共同利益。事实上，业主以外的相关利益方受其自身局限无法实现小区善治。例如，物业服务企业遵循商业逻辑，其逐利本性和利己主义导致它无法公平公正地处理小区公共事务；政府受财政约束，很难长期全面接管小区管理工作，只能在特殊情况下（如物业突然撤离、老旧小区失序）提供兜底性的救济服务。此外，当前小区空间异质化，居民人际关系淡漠，小区公共性流失。业主自组织治理有助于他们超越利己主义，凝聚集体共识和群体价值，构建小区生活共同体。更为重要的是业主自组织治理符合我国城市基层社会治理中倡导的"共建、共治、共享""自治、法治、德治"的基本原则。

其次，小区善治依赖业主的集体行动。集体行动泛指所有需要两个及两个以上人合作才能完成的行动。它有以下三个特征。一是行动者具有共同利益纽带关系；二是行动产生的物品/服务具有非排他性；三是集体行动通常以自愿为基础。小区治理属于集体行动的范畴。分散的个体化产权安排将小区业主从物理空间、法律关系和经济利益三个方面捆绑在一起，使他们成为居住利益共同体。业主可以自主决定是否参加小区治理的工作，但小区治理的结果，如状况良好的建筑设施和舒适的居住环境，属于公共物品，具有非排他性。❶ 因此，小区治理需要业主走出私人生活领域，关心居住生活中的公共问题，通过与其他业主合作生产出满足共同利益需求的物品。

再次，小区善治需要各利益相关方明确彼此的权利和义务，建立友好协作的关系。就业主与业主的关系来看，需要明确小区的专有部分和共有

---

❶ YAU Y. Collectivism and activism in housing management in Hong Kong [J]. Habitat international, 2011, 35 (2): 327 - 334; 夏巾帼, 郭忠华. 城市商品房小区自治困境的根源——基于小区公共事务性质的分析 [J]. 浙江学刊, 2019 (5): 165 - 171.

部分的产权界限，厘清业主共同管理对象的范围。就业主与业主组织的关系来看，需要确定业主与业主大会的委托-代理关系内容，以及业主大会和业委会的代理关系内容；引入激励和监督机制确保代理人为委托人的利益服务。就业主组织与物业服务企业的关系来看，需要敦促双方履行物业服务合同；一方面要保护业主组织自主选聘物业服务企业的权利；另一方面要杜绝职业物闹，维护物业管理市场的良好秩序。就业委会与居委会的关系来看，要厘清居委会指导业委会运作的权力边界，加强居委会和业委会之间的沟通联系。

最后，小区善治需要四个层面的制度保障。第一个层面是最高层面，党和国家在意识形态和价值取向方面充分肯定业主自组织治理的合法性，通过法律法规明确业主大会和业委会治理的权利和义务。第二个层面是地方政府认可业主组织是经济生活和社会生活中的合法主体，通过地方性法规、条例、政策规范业主大会和业委会的运作过程，维护物业管理市场秩序。第三个层面是政府主管部门、街道办事处、居委会指导和监督业主大会和业委会的运作过程，维护小区秩序。第四个层面是业主大会和业委会要加强自身的制度建设，建立管理规约、人事规则、财务管理办法、物业招标办法、业主监事会制度、印章制度、档案管理制度、信息管理制度，从而提高规范化运作的能力。

3.3 小区治理发展历程——以业主自治为叙事主线

因主体间权力关系的不同，小区治理形成了多种多样的治理模式。本书从业主视角出发，重点关注以业主自主治理为中心的治理模式。因此，本节将以业主自治为叙事主线展示小区治理的发展历程。

3.3.1 孕育阶段（1978—1993年）

城镇住房制度改革前，我国采用的是行政性、福利性的住房建设和管理制度。国家和单位拥有绝大多数的城市房屋并负责其日常管理。彼时，虽有"业主"这一名词，但主要用来指代大型建筑物的所有人、房东或者个体工商户，其含义与房屋产权归属状况并不直接关联。❶ 城镇住房制度改革后，随着住房商品化、货币化的不断推进，许多城市开始逐步形成以个人产权为主体的城镇住房产权结构和制度。自此"业主"作为城市中的有房一族、住房置业者的概念开始深入人心。

伴随城镇住房产权的个人化和多元化，物业管理制度逐渐发展起来。不同于传统的房屋管理方式，物业管理提倡用现代管理科学和技术对房屋及其附属设施进行管理和养护。❷ 深圳借鉴香港地区居住区的管理模式，在居住小区引入物业管理。❸ 深圳早期的服务对象主要是涉外商品房住宅的港澳同胞和海外侨胞，目的是满足他们对房产增值和环境舒适的要求。❹ 1986 年，随着新建商品房数量的增多及物业管理需求的增加，深圳开始鼓励开发商组建物业管理公司，按照"谁开发，谁管理"的原则提供物业管理服务。❺ 1987 年，深圳考虑到开发商的物业管理成本压力，又提出了"谁受益，谁出钱"的原则，试验和推广有偿物业管理服务。1989 年，深圳市房管局将下属事业单位行政的房管所全部改制为企业性质的物业管理公司。❻ 这标志着住房管理由计划经济时代传统的房屋管理正式转向了基于市场经济规律的物业管理。

在此背景下，深圳天景花园诞生了我国内地第一个业委会。天景花园项目建成于 1990 年，它是万科公司在深圳的首个住宅项目。当时由于住宅区的变压器设计不合理，导致区业主被迫通过商铺变压器取电，按照商业用电价格支付电费。高昂的电费引起了业主的不满，业主多次向小区物业管理处投诉，物业管理处也尽力找相关部门沟通，但电费纠纷始终无法以

---

❶ 吴晓林. 中国城市社区业主维权研究综论 [J]. 城市问题, 2013 (6): 2 - 10.
❷ 李爱斌. 北京市业主委员会发展调研报告 [M] //唐娟. 城市社区业主委员会发展研究. 重庆: 重庆出版社, 2005: 110 - 156.
❸ 晓林. 深圳物业管理模式将在全国推行 [J]. 中国商贸, 1995 (14): 42.
❹ 唐娟. 城市社区结构变迁中的冲突与治理——深圳市业主委员会发展及社区维权行为研究报告 [M] //唐娟. 城市社区业主委员会发展研究. 重庆: 重庆出版社, 2005: 20 - 72.
❺ 许定军. 深圳与香港物业管理发展比较 [J]. 城市问题, 1998 (4): 52 - 56.
❻ 朱涛. 中国业主自治组织主体地位的演进与建构 [J]. 私法研究, 2015, 17 (1): 107 - 136.

业主满意的方式解决。眼见业主的意见越来越大，物业管理处只能暂时替业主垫交电费，导致物业管理处承受了较大的资金压力。[1] 意识到这一问题后，物业管理处和一批热心的业主萌生了组建业主管理委员会促成问题解决的想法。该想法得到了万科公司及大部分业主的支持。1991年3月22日，天景花园以单元楼栋为单位，按照每个单元选出一位代表的原则，鼓励热心业主推荐或自荐的方式，选举了14位委员，加上管理处的1位执行秘书，组建了天景花园业主管理委员会。该管理委员会顺利解决了长期困扰小区业主的电费问题。

天景花园的业主管理委员会彰显了业主自治的精神。首先，业主以楼栋单元为单位，采取自荐或推荐的民主方式选取代表，组建业主管理委员会。其次，业主管理委员会制定了相应的制度规范，如《天景花园业主管理委员会章程》，开展组织化运作。最后，业主管理委员会能够围绕电费问题、清洁服务、公共设施维护、立体车库建设等一系列问题在业主中展开讨论，改善了小区管理状况。

3.3.2 "不规范"发展阶段（1994—2003年）

深圳天景花园的业主管理委员会是我国内地住宅物业管理的一大创新。它借鉴了我国香港地区的住宅管理模式，提出了"业主自治与专业服务相结合的"共管模式，为满足城市居民日益增长的物业管理需要给出了新办法。这种彰显业主自治精神的物业管理模式随后从深圳向其他城市扩散开来。一些统计数据给出了有力的证据。1999年，上海应当成立业主委员会的小区有3822个，已经成立的有2603个，占68%。[2] 1997—2003年，北京市物业管理委员会数量增加了33倍，由17个变为566个，增加了33倍；[3]

---

[1] 高丹华. 业主委员会中国18年——采访中国第一个业委会创始人之一陈之平 [J]. 中国物业管理，2009（7）：12-13.

[2] 顾玫. 上海城区业委会发展历程 [J]. 社会，2001（8）：27-28.

[3] 李爱斌. 北京市业主委员会发展调研报告 [M] //唐娟. 城市社区业主委员会发展研究. 重庆：重庆出版社，2005：110-156.

2003年，深圳业委会总数为762个，有接近40%的小区成立了业委会。❶一项在贵阳的市民调查表明，57.67%的市民了解业委会，59.54%的人知道业主的权利和义务，28.84%的人参加过业主大会。❷

但总体来看，业主自治呈现"不规范"发展的特点，突出表现在以下四个方面。一是城市政府对业主自治及业主组织的规定并不相同。如表3-3所示，深圳、上海、北京的物业管理的模式不同。其中，深圳、上海是共管模式；北京是物业管理企业主导业主委员会协助的模式，此外深圳规定业主组织成员包括业主和聘请的派出所和居委会人员；上海规定业主组织成员只包括业主；北京规定业主组织成员包括房地产产权人、产权使用人和居民委员会代表。最后，在深圳和上海的规定中明确提出了业主自治的概念，并用较大的篇幅加以描述；而北京的规定中没有提及业主自治，也没有给出物业管理委员会日常运作的指导规范。

表3-3 早期北上深三大城市的物业管理制度比较

	深圳	上海	北京
条例目的	加强住宅区物业管理，明确业主、物业管理公司及其他有关部门的权力和义务，保障住宅区物业的合理使用，维护住宅区的公共秩序，创造良好的生活环境	规范居住物业的使用、维修和其他管理服务活动，维护业主、使用人和物业管理企业的合法权益，创造和保持整洁、安全、舒适的居住环境	加强对居住小区的物业管理，保障居住小区房屋及其设备和公共设施的正常使用，创造清洁优美、舒适方便、文明安全的居住环境
提倡的物业管理模式	业主自治与专业服务相结合，属地管理与行业管理相结合	业主自治管理与委托物业管理企业专业管理服务相结合	物业管理企业为主，物业管理委员会协助、监督、检查

---

❶ 唐娟. 业主委员会治理机制研究［M］//唐娟. 共有、共享、共治——城市住宅小区和谐治理的实践与理论探讨，北京：中国社会出版社，2009：1-36.

❷ 吴利平. 关于贵阳市住宅小区（大厦）业主委员会的调查［M］//唐娟. 城市社区业委员会发展研究，重庆：重庆出版社，2005：270-283.

续表

	深圳	上海	北京
业主权利和义务	业主有参加住宅区物业管理的权利，并有合理使用房屋和公用设施、维护住宅区公共秩序的义务	参加业主大会并选举业主委员会委员、遵守业主公约、委托物业管理公司、遵守相关规定按照有利于物业使用、安全及公平、合理的原则正确处理相邻关系、杜绝物业使用中的禁止行为	房屋使用人应当遵守有关物业管理规定，按照规定使用房屋和其他设施，缴纳有关费用，自觉维护小区内正常的生活秩序和管理秩序；有权要求物业管理委员会对服务不好的物业管理企业进行更换
业主组织定位	住宅区成立业主管理委员会，管理委员会代表住宅区全体业主的合法权益	业主委员会是在物业管理区域代表全体业主对物业实施自治管理的组织	物业管理委员会代表和维护房地产产权人、使用人的合法权益
业主组织的运作依据	业主管理委员会依据条例规定、业主公约和管理委员会章程行使职权。辖区内住宅区物业管理的业务管理部门，对本辖区物业管理依法进行指导、监督	业主大会、业主代表大会、业主委员会做出的决定，对物业管理区域内的全体业主、使用人具有约束力	市和区、县房屋土地管理机关主管本行政区域居住小区物业管理工作，其他行政机关及街道办事处对居住小区的物业管理工作进行指导和监督、检查
业主管理委员会成员组成	管理委员会由业主大会在业主中选举产生，管委会主任、副主任由管理委员会在其委员中选举产生，管理委员会可聘请派出所、居民委员会等有关单位的人员担任管理委员会委员	业主委员会由业主大会或者代表大会选举产生，业主委员会委员应当由业主担任	物业管理委员会由居住小区内房地产产权人和使用人大代表及居民委员会的代表组成
业主组织架构	业主大会—业主管理委员会	业主大会—业主小组—业主委员会	物业管理委员会

注：根据1994年《深圳经济特区住宅区物业管理条例》、1995年《北京市居住小区物业管理办法》和1997年《上海市居住物业管理条例》的内容整理。

二是实践中,即使在同一个城市,业委会的类型也比较复杂。以深圳为例,2004年上半年,业委会的类型有由单位有关领导和工作人员组成的独立物业的业委会、开发商和物业公司发起成立的业委会、公开民主选举的业委会、仅包含部分业主的业委会。❶

三是不同于天景花园,一些小区业委会的诞生过程并不顺利,充满了斗争色彩。彼时,由于物业服务企业多是开发商子公司,出于维护母公司形象和利益的目的,物业服务企业常常忽视和侵占业主利益。业主开始逐渐认识到自治权的重要性。1998年,深圳出现了多起业主通过业委会维权的案例,如景州大厦、凯丽花园、南天一花园等小区。❷ 事实上,不止深圳,其他城市小区的业主维权也在不断上演。以北京为例,2002—2004年,北京市朝阳法院受理的物业服务纠纷案件从194件增加到1989件,上升了10倍;北京市高级人民法院的统计数据也表明,1992年以前的房地产案件每年也就几百件,2001年已达到15 000多件。❸

3.3.3 规范发展阶段(2004—2013年)

虽然业主自治的概念开始进入人们的视野,但由于相关法律政策制度不完善,业主自治常常演变成业主维权。这也使业主常常与"麻烦的制造者""利益的争夺者""基层社会秩序的扰乱者"等负面印象相关联,与"公共精神的践行者""基层民主的推动者"等正面评价相去甚远。2006年一项关于北京居住小区的调研显示,138个小区中,仅有18%的小区成立了业委会,23%的业主能够获得小区公共资产资料,48%的业主知晓公共维修资金状况;高达54%的小区与前期物业管理公司发生过纠纷;70%的小区与现任物业管理公司发生过收费纠纷。❹

为了规范住区物业管理活动,营造良好的居住氛围,引导业主自治积

---

❶ 唐娟. 城市社区结构变迁中的冲突与治理——深圳市业主委员会发展及社区维权行为研究报告[M]//唐娟. 城市社区业主委员会发展研究. 重庆:重庆出版社,2005:20-72.

❷ 孟伟. 日常生活的政治逻辑[D]. 武汉:华中师范大学,2006.

❸ 陈幽泓,刘洪霞. 社区治理过程中的冲突分析[J]. 现代物业,2003(6):34-41.

❹ 陈幽泓,曹吉丁,孙紫岚. 北京物业小区业主自主治理能力调查——数据统计与初步分析报告和谐社区发展中心成果[C]//和谐社区通讯2009年第1期,2009:20-71.

极健康发展,国家出台了一系列法律政策。表3-4展示了2003年以来与小区治理相关的法律法规。

表3-4 2003年以来小区治理相关的法律法规

名称	简介	指导作用
《最高人民法院关于审理商品房买卖合同纠纷案件适用法律若干问题的解释》	2003年由最高人民法院发布,旨在正确、及时审理商品房买卖合同纠纷案件	明晰了商品房预售合同的有效性、合同定金的返还、备案登记手续的履行、买卖合同无效的情况、交付面积与合同约定面积不符的情况、房产交付超出合同约定时间等
《物业管理条例》	2003年由国务院颁布实施,并于2007年、2016年、2018年进行了修订。旨在规范物业管理活动,维护业主和物业管理企业的合法权益,改善人民群众的生活和工作环境	明确了业主在物业管理活动中的权利和义务、共同决定事项;业主大会会议的安排、业主委员会的职责;前期物业安排;物业管理服务规范;物业使用规定等
《业主大会规程》	2003年由建设部发布,旨在规范业主大会的活动,保障民主决策,维护业主的合法权益	业主大会筹备安排、业主大会职责、业主大会议事规则的确定方法、业主公约的效力、业主大会会议安排及投票规则、业主委员会职责、业主委员会委员条件、业主委员会会议安排等
《中华人民共和国物权法》	2007年由第十届全国人民代表大会第五次会议通过实施,旨在明确物的归属,发挥物的效用,保护权利人的物权	第六章建筑物区分所有权明确了业主的权利及义务;对通过设立业主大会选举业主委员会的方式履行共同管理的权利进行了规定;对业主、业主大会、业主委员会、物业服务企业的关系进行了界定
《住宅专项维修资金管理办法》	2007年由建设部和财政部联合发布,旨在加强对住宅专项维修资金的管理,保障住宅共用部位、共用设施设备的维修和政策使用,维护住宅专项维修资金所有者的合法权益	明确商品住宅、售后公有住房住宅专项维修资金的交存、使用、管理和监督

续表

名称	简介	指导作用
《业主大会和业主委员会指导规则》	2009年由住房和城乡建设部颁布实施，规范业主大会和业主委员会的活动，维护业主的合法权益	在《业主大会规程》基础上增加了一些内容，有利于业主大会和业主委员会的运作。同时《业主大会规程》废止
《最高人民法院关于审理建筑物区分所有权纠纷案件具体应用法律若干问题的解释》	2009年由最高人民法院发布，旨在正确审理建筑物区分所有权纠纷案件，依法保护当事人的合法权益。	明晰了业主的概念、建筑物共有部分和专有部分的划分、车位处分、公共用途改变和处分、专有部分面积计算、业主人数计算、业主大会或者业主委员会侵权的法律救济、业主对管理活动的知情权等内容
《最高人民法院关于审理物业服务纠纷案件具体应用法律若干问题的解释》	2009年由最高人民法院发布，旨在正确审理物业服务纠纷案件，依法保护当事人的合法权益。	明晰了前期物业服务合同、业主大会依法签订的物业服务合同对业主的约束力；业主委员会或业主请求确认合同或者合同条款无效的情况；业主妨害物业服务与管理行为，物业服务请求业主承担相应民事责任的情况；物业费的支付和收取安排
《民法典》	2020年第十三届全国人民代表大会第三次会议通过实施，保护民事主体的合法权益，调整民事关系，调整平等主体的自然人、法人和非法人组织之间的人身关系和财产关系	第二编第二分编第六章业主的建筑区分所有权明确了业主的权利和义务、业主共同决定事项的内容及表决办法、业主、建设单位、物业服务企业及其他管理人之间的关系。第三编第二分编第二十四章，对物业服务合同的履行专门作出了界定。同时《中华人民共和国物权法》《中华人民共和国合同法》《中华人民共和国民法通则》《中华人民共和国民法总则》废止

注：根据北大法宝网站检索结果整理而成。

制度的建立健全极大地促进了业主自治实践的发展。2009年，全国城市住宅小区业委会的平均覆盖率达到了30.00%，其中东部地区较高为38.93%，西部地区次高为33.30%，中部地区最低为22.17%。❶ 如表3－5

---

❶ 唐娟. 业主委员会治理机制研究［M］//唐娟. 共有、共享、共治——城市住宅小区和谐治理的实践与理论探讨，北京：中国社会出版社，2009：1－36.

所示，2003—2012 年，典型城市中，仅有个别城市业委会的成立比例有所下降，大部分城市的业委会成立比例都有所增长。此外，如表 3-6 所示，许多城市居住区还出现了跨小区的业主组织联盟。总的来说，这一时期业主自治实践得到了较大的发展。

表 3-5　典型城市业主委员会成立比例　　　　　　　　　　单位/%

城市	2003 年	2006 年	2012 年	最近的年度	
北京	13.1	11.7	25	28.0	2014
上海	64.3	82.9	83	92.5	2019
广州	13.4	15.0	25	28.5	2018
深圳	18.7	36.0	30	41.0	2019
郑州	—	8.2	10	10.0	2018
海口	—	35.0	30	13.5	2019
南京	—	47.0	30	30.0	2013
成都	13.1	33.0	39	80.0	2018
长沙	—	25.0	20	28.0	2016
武汉	—	33.3	30	85.8	2015

数据来源：2006 年数据来自杨毅. 业委会之惑——中国一线城市业主委员会现状调查［J］. 住宅与房地产，2006（11）：6-9。2012 年数据来自盛智明. 从小区到社区：城市业主行动及其结果［M］. 上海：上海人民出版社，2019：71。2003 年和最近年度数据来自笔者依据媒体报道自行整理得出。

表 3-6　部分城市跨小区的业主组织联盟

城市	名称
上海	和谐社区沙龙（上海业伟业主咨询服务有限公司）（2003） 上海首创物业服务调查有限公司（2011） 上海虹口区凉城街道新家园建设与合作事务所（2011） 上海长宁区仙霞街道业委会自治联盟（2018） 上海静安区业委会建设联盟（2019） 上海半淞园路街道"淞园治慧"物业治理联盟（2021） 上海市奉贤区南桥镇业主委员会联合会（2020）
广州	业主委员会联谊会筹备委员会（2005） 广东省华南和谐社区发展中心（2011） 广州业主发展论坛（2012）

续表

城市	名称
沈阳	沈阳市和平区南湖街道文安路社区业主委员会协会（2006） 沈阳市业委员会协会（2013）
北京	北京市业委会协会申办委员会（2007） 首一业主大会工作辅导中心（2011） 幸福指针业主大会辅导中心（2011） 北京市密云区业主委员会主任联谊会（2019）
营口	营口市业主委员会协会（2008）
长沙	长沙小区业主委员会联盟（2012）
宿迁	宿迁市城区业主委员会协会（2011）
西安	陕西业委会协会申办委员会（2012）
青州	青州市业主委员会协会（2012）
温州	温州市和谐生活研究会（2010） 温州市业主委员会协会（2013） 温州市鹿城区业委员会协会（2012） 温州市瓯海区业主委员会协会（2013）
天津	天津市业主委员会联合会（2013） 泰达社会服务中心：开发区业委员会发展促进研究会（2016）
杭州	杭州市萧山区业主委员会联谊会（2014） 杭州拱墅区业委员会联谊会（2017） 杭州市下城区青年业委委员联谊会（2020） 杭州市临安区青年业委委员联谊会（2020）
宁波	宁波业委会协会筹备会（2015）
昆山	昆山市周市镇业主委员会协会（2014）
成都	成都市沙河源街道业委员会协会（2015）
绵竹	绵竹市剑南镇天河社区业主委员会协会（2017）
泰州	泰州市海陵区业主委员会联合会（2011）
淮安	淮安市清江浦区业委会协会（2018）
海口	海口市业主委员会协会（2019）
合肥	合肥业主论坛（2012） 合肥市经开区芙蓉社区业委会联合会（2019）
重庆	重庆市业主委员会联谊会（2007）

续表

城市	名称
哈尔滨	哈尔滨市业主委员会联盟（2006）
枝江	枝江市业主委员会协会（2021）
宜昌	宜昌市业主大会协会申办委员会（2012）
南京	南京和谐社区论坛（2012） 南京市玄武社区合作治理研究中心（2013）
宿迁	宿迁市业主委员会协会（2011）
惠州	惠州业主委员会联合会（2015） 南都惠州业委会沙龙（2013）
深圳	深圳业主论坛（2012） 深圳透明和谐社区促进中心（2016）
佛山	佛山市顺德区伦教常教城南业主委员会代表联合会（2020）
珠海	珠海业委会协会筹备会（2020）
成都	成都市业委会协会——新兴社区发展中心（2012）
泸州	泸州市业主委员会协会筹备会（2013）
昆明	昆明市住宅小区业委会协会筹委组（2009）

数据来源：一部分数据来自盛智明. 从小区到社区：城市业主行动及其结果 [M]. 上海：上海人民出版社，2019：63-65。另一部分数据来自笔者收集资料整理而成。

3.3.4 新发展阶段（2013年至今）

从法学的角度来看，业主自治符合私法本意，是私法自治原则在房屋所有权领域的体现。❶ 但从国家治理的角度来看，物业管理是从国家传统房屋管理中分离出来的新公共空间，业主自治受到国家社区治理体系和治理制度安排的影响。事实上，正是由于国家社区治理体系和治理能力的不断现代化，业主自治的作用才得到了肯定和加强。

2013年前后，我国城市社区管理由"服务""建设"逐步转向了"治理"。创新社会（社区）治理体制，推进国家治理体系和治理能力现代化

---

❶ 杨玉圣. 论小区善治面临的主要矛盾——兼论小区公共事务治理之道 [J]. 政法论坛，2013，31（3）：12.

成为当时乃至现在的重要工作内容。具体来看，2012年11月，党的十八大召开，将社区治理的基本思想和理念写入会议报告；2013年11月，十八届三中全会召开，通过了《中共中央关于全面深化改革若干重大问题的决定》提出要"加强党委领导，发挥政府主导作用，鼓励和支持社会各方面参与，实现政府治理和社会自我调节、居民自治良性互动"。2015年10月，党的十八届五中全会提出了"共享发展的"新理念，强调要"推进社会治理精细化，构建全民共建共享的社会治理格局"。2017年6月，中共中央国务院颁布了《关于加强和完善城乡社区治理的意见》。这是党中央和国务院首次在城乡社区工作领域联合发布纲领性文件。该文件指出要"坚持以人为本，服务居民""坚持依靠居民、依法有序组织居民群众参与社区治理，实现人人参与、人人尽力、人人共享"。该文件还指出要注重发挥"基层群众性自治组织基础作用""进一步加强基层群众性自治组织规范化建设，合理确定其管辖范围和规模"；"进一步增强基层群众性自治组织开展社区协商、服务社区居民的能力""促进法治、德治、自治有机融合"；"加强社区党组织、社区居民委员会对业主委员会和物业服务企业的指导和监督""敦促业主委员会履行职责""探索完善业主委员会的职能，依法保护业主的合法权益"。2019年，党的十九届四中全会提出要"加强和创新社会治理，完善党委领导、政府负责、民主协商、社会协同、公众参与、法治保障、科技支撑的社会治理体系，建设人人有责、人人尽责、人人享有的社会治理共同体"。

　　党和政府高度肯定了业主自治在城乡基层社会治理中的作用，提出要规范业委会的运作。由此，业主自治实践进入了新的发展阶段。就全国来看，如表3-5所示，2013年以后，典型城市成立业委会的比例还在不断增加；如表3-6所示，2013年以后，成立跨小区业主组织联盟的城市名单不只有大城市，还包括了中小型城市。就一些地方实践来看。在北京市出台的《北京市物业管理条例》中提出建立临时性的小区管理组织——物业管理委员会，推进小区成立业主大会和业委会。截至2020年2月，北京市已成立5000个物业管理委员会，同时成立业委会的比例从2019年的

1216个，增加到2000个。❶ 武汉市从2015年起就大力推进小区组建业委会，并采取了一系列举措，如降低业委会成立门槛，首创物业"四资"移交制度，促进业委会及业主真正承担起管理小区公共事务的职责；建立业委会孵化中心，对业委会主任开展培训；党建引领，加强红色业委会和红色物业建设，为业主自治链接社会资源。深圳市从2018年以来逐步加强业主自治制度建设，通过制度增强业主自治能力，制定和出台了《深圳市共有资金管理办法》《深圳市业主大会议事规则》《深圳市业主自行管理方案》《深圳市业主大会和业主委员会备案管理办法》等一系列制度规范。另外许多城市还引入了电子投票系统解决业主"投票难""决策难"的问题。

总的来说，2013年以来，党和政府出台了许多政策推动业主自治，这极大地促进了业主自治的发展。然而，随着经济社会水平的不断提高，人们对物业管理和居住质量的要求越来越高。居住生活中产生的矛盾和冲突越来越多。这给业主的自组织治理能力提出了巨大挑战。在百度指数网站上，以"业主委员会""业主维权""物业管理"三个关键词条展开检索，检索结果显示，2013年1月1日—2021年12月31日，三个关键词条的日平均搜索数分别为530、124、1094。这显示出人们对业主自治话题保持着长期的关注。在中国裁判文书网上，以"业主委员会"为当事人字段，检索民事案件，检索结果如图3-1所示，2013年—2019年，诉讼案件呈现快速增长的势头。2019年，中国消费者协会调查显示消费者对物业管理的综合满意度才刚刚及格；中国小康网的调查也指出物业管理成为国人最不满意的居住问题。因此，小区治理之路任重道远。

---

❶ 北青网.《北京市物业管理委员会组建办法》月底实施［EB/OL］.（2021-03-20）［2022-03-29］. https://t.ynet.cn/baijia/30535744.html.

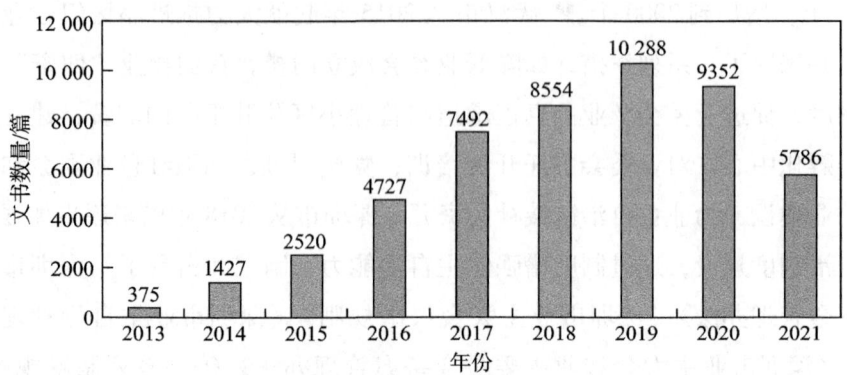

图 3-1 中国裁判文书网涉及业主委员会的文书数量（检索时间 2021 年 12 月 31 日）

第4章 小区治理现状实证研究
——以南宁市青秀区为例

本章以南宁市青秀区为例，基于指标评价法的思想，采用专家打分和居民评价相结合的方式，从客观治理绩效情况和主观居民满意度两方面着手，结合实地调研数据，系统、全面地刻画小区治理水平。

4.1 调研区域简介

4.1.1 经济社会发展状况

本次调研的区域是南宁市青秀区。南宁市是广西壮族自治区首府，全自治区政治、经济、文化、教育、科技和金融中心。南宁市位于广西中部偏南，是北部湾城市群中的核心城市，也是我国距离东盟国家最近的省会城市。2020年年底，南宁市域总面积为2.21万平方千米，常住人口为875.25万人，辖兴宁区、江南区、青秀区、西乡塘区、邕宁区、良庆区、武鸣区7个城区，横州市、宾阳县、上林县、马山县、隆安县5个（市）县，设有南宁市高新技术产业开发区、南宁市经济技术开发区、广西—东盟经济技术开发区3个国家级开发区。[1]

---

[1] 南宁市人民政府. 南宁概况［EB/OL］.（2021-08-27）［2022-03-29］. https://www.nanning.gov.cn/zjnn/lcjj/t4360717.html.

青秀区是南宁市经济社会发展条件较好的城区,下辖街道办事处5个,省级经济开发区1个,镇4个,共有城市社区64个、乡镇社区7个。2019年年底,青秀区行政区域面积为872平方千米,常住人口为82.86万人,户籍人口为79.63万人,其中流动人口为17.42万人,城镇人口为77.35万人,城镇化率为93.35%,地区生产总值为1188.58亿元,居民人均可支配收入为45 655元,房地产开发建设施工面积为1503.63平方米,商品房销售面积为225.15万平方米。❶

4.1.2 小区治理政策变迁

自2000年以来,南宁市小区治理政策不断发生变化,以适应经济社会发展的需要。

1988年国务院发布了《关于在全国城镇分期分批推行住房制度改革实施方案的通知》,开启了住房商品化的时代。1994年国务院出台了《关于深化城镇住房制度改革的决定》,在住房商品化的基础上提出了住房社会化的目标,同时提出"改革现行城镇住房管理体制,发展多种所有制形式的物业管理企业和社会化的房屋维修、管理服务"。随后,各地方开始推动传统住房管理向"社会化"和"专业化"的物业管理转变。

1994年南宁市房产管理局设立了"推行物业管理"办公室,专门负责物业管理的推行和指导工作,奏响了南宁市物业管理的序曲;1995年南宁市房产管理局设立了房产物业管理处,下设物业管理科,负责南宁市物业管理的行业指导和管理工作。❷ 1997年,南宁市先后颁布了《南宁市住宅区物业管理办法》《南宁市住宅区物业管理委员会组织管理暂行办法》《南宁市住宅区物业管理服务收费暂行办法》及实施细则等一批法规性文件。这些政策标志着南宁市住房管理开始迈向社会化和市场化的物业管理时代。

---

❶ 南宁市青秀区人民政府. 青秀概况 [EB/OL]. (2021 - 03 - 21) [2022 - 03 - 29]. http://www.qingxiu.gov.cn/gaikuang/.

❷ 符春. 十年耕耘结硕果——南宁市物业管理十周年回顾 [J]. 中国物业管理, 2005 (10): 79 - 80.

第4章 小区治理现状实证研究——以南宁市青秀区为例

2003年国务院出台了《物业管理条例》；2007年第十届全国人民代表大会第五次会议通过了《中华人民共和国物权法》。这两份制度文件标志着全国层面物业管理法律体系的初步建立。南宁市紧跟国家政策出台了《南宁市物业管理办法》《南宁市物业专项维修资金管理办法》《南宁市业主大会和业主委员会指导规则》《南宁市物业服务企业退出物业管理指导意见》《南宁市住宅小区物业服务收费实施细则》《关于进一步规范南宁市前期物业管理招标投标管理的通知》等一系列法规、规章及规范性文件。自此，南宁市建立起了较为完整的住宅物业管理政策制度体系，为加强行业监管、规范住宅物业服务行为、提高住宅物业服务水平提供了保障。❶

2018年我国物业管理进入了新阶段。在国家层面，2018年国务院第三次修订了《中华人民共和国物业管理条例》；2019年中共中央办公厅印发了《关于加强和改进城市基层党的建设工作的意见的通知》；2020年第十三届全国人民代表大会第三次会议表决通过了《民法典》；2020年住房和城乡建设部等部门联合发布了《关于加强和改进住宅物业管理工作的通知》；2021年住房和城乡建设部办公厅下发了《关于完整居住社区建设指南的通知》；2022年国家发展和改革委员会印发了《"十四五"新型城镇化实施方案的通知》。在自治区层面，2020年广西壮族自治区第十三届人民代表大会常务委员会第十七次会议审议通过了《广西壮族自治区物业管理条例》。2022年广西壮族自治区住房和城乡建设厅组织起草了《广西壮族自治区业主大会和业主委员会指导规则（草案）》（征求意见稿），目前正面向社会公开征求意见。这些文件标志着城市小区成为了基层社会治理的重要场域，小区物业管理被纳入基层社会治理的范畴。

当前，南宁市正积极根据国家和自治区的最新文件精神，加强对小区治理的监管，主要工作集中在以下几个方面。在政策法规建设方面，南宁市正开展《南宁市物业管理条例》的立法编制工作，抓紧修订完善《南宁市业主大会和业主委员会指导规则》，加快推进各城区（开发区）住建部

---

❶ 南宁市住房和城乡建设局网站. 南宁市住房和城乡建设局对市十四届人大五次会议第2号代表建议的答复——南住建函〔2020〕2500号[EB/OL]. (2020-08-20) [2022-03-29]. https://zjj.nanning.gov.cn/xxgk/zcfgyzcjd/zcwjcx/t4901177.html.

门、街道办建立标准流程以指导小区成立业主大会和业委会；在物业管理体制改革方面，南宁市尝试构建市、城区、街道办、社区四级物业管理监督体系，加快在街道办和社区层级设立专人专职专岗负责辖区的物业管理工作；在物业服务行业监管方面，南宁市建立了物业服务考评机制，推行了物业服务"四公开一监督"制度，实施了物业服务企业诚信管理；在物业矛盾纠纷方面，南宁市参考先进城市做法，采用市住建局、司法局部门联合调处的方法，在青秀区和西乡塘区开展物业纠纷矛盾调解试点；在强化业主主人翁意识方面，南宁市不断加强物业管理政策法规宣传，致力于打造"自己管理自己的事情""大家的事情大家办"的理念。❶

4.1.3 小区治理状况概述

经过二十几年的发展，南宁市已经建立了社会化、专业化、企业化、经营性的物业管理服务体系，物业服务已从住宅物业扩展到非住宅物业，成为与人们生产和生活息息相关的现代服务产业。当前，南宁市服务小区的物业企业有480家，新建小区实施物业管理覆盖率达100%；在已有的3052个小区中，1570个小区实施了专业化的物业管理，1482个小区尚未实施专业化的物业管理。❷

2020年以前，南宁市物业管理采用市、城区（开发区）的二级监督体系。由市本级负责开展宣传培训和监督检查。随着经济社会的发展及物业服务的迅速普及，单靠市住建部门监督物业服务行业，已不能适应群众对物业管理的各种需求。与此同时，小区物业纠纷多发频发，处理难度越来越大，成为影响群众生活品质，事关城市安全运行和社会稳定的重要内容。以青秀区为例，"十三五"期间，政府处理各类物业投诉案件共计

---

❶ 南宁市住房和城乡建设局网站. 南宁市住房和城乡建设局关于市政协十一届五次会议第11.05.222提案答复的函——南住建函〔2020〕3103号［EB/OL］.（2020-08-20）［2022-03-29］. http：//zjj. nanning. go. cn/xxgk/zcfgyzcjd/zcwjcx/t4901144. html.

❷ 南宁市住房和城乡建设局网站. 南宁市住房和城乡建设局关于市政协十一届六次会议第11.06.232号提案答复的函——南住建〔2021〕2393号［EB/OL］.（2021-08-06）［2022-03-29］. https：//zjj. nanning. gov. cn/xxgk/zcfgyzcjd/zcwjcx/t4901229. html.

5539 件。❶

2020 年以来，南宁市尝试建立市、城区、街道办、社区四级物业管理监督体系。市住房和城乡建设局也抓住机构改革契机，成立了南宁市城市更新和物业管理指导中心（以下简称"中心"），该中心除了负责城市更新管理的事务性和基础性工作外，还负责物业服务市场日常指导管理的事务性工作。虽然南宁市在制度层面要求街道、社区加强对辖区物业管理的监管。但由于经费和人员限制。并非所有的街道都设立物业管理岗位并配备物业管理专职人员。因此，物业管理监管体系还没有完全延伸到基层，物业管理活动的指导和监管还存在薄弱之处。此外，小区物业管理涉及住建、发改、自然资源、综合执法、环保、公安、消防、市场监管、园林、供电供气、水务等多个部门。但南宁市各部门仍按职责处理小区物业矛盾纠纷，对乱搭乱建、乱停车等棘手问题，还没有形成综合治理合力。❷

事实上，小区治理中的绝大多数问题需要依靠业主以业委会为平台，与物业服务企业协商解决。但南宁市业主委员会发展相对落后。2018 年，南宁市成立业委会的各类住宅小区只有 389 个，在全市住宅小区中的比例为 12.43%。❸ 如表 4-1 所示，各城区（开发区）的业委会分布呈现冷热不均的现象。此外，南宁市业委会监管也存在较大难题。部分业委会运作不规范，业委会侵占小区公共利益、不召开业主大会会议就解聘或选聘物业企业等违规行为的现象时有发生。但由于相关法律法规不完善，各城区（开发区）住建部门、街道办对业委会的违规行为难以有效制止。

在南宁市众城区中，青秀区的小区治理状况排在前列，具体表现在以下几个方面。首先，2009 年南宁市青秀区住房和城乡建设局就开始探索完善基层物业管理机制；在物业管理区域内，实行属地管理，建立了辖区房

---

❶ 南宁市青秀区人民政府. 青秀区年鉴（2020）[EB/OL]. (2021b-08-03) [2022-03-29]. http://www.qingxiu.gov.cn/gaikuang/qxnj/t4826777.html.

❷ 南宁市住房和城乡建设局网站. 南宁市住房和城乡建设局对市十四届人大五次会议第 2 号代表建议的答复——南住建函〔2020〕2500 号 [EB/OL]. (2020-08-20) [2022-03-29]. https://zjj.nanning.gov.cn/xxgk/zcfgyzcjd/zcwjcx/t4901177.html.

❸ 张义斌, 李琼波. 基于社区治理视角的住宅物业服务发展现状及提升路径分析——以南宁市为例 [J]. 住宅与房地产, 2020 (33): 10-11.

管部门、街道办、居委会三级管理网络;在各街道办设立物业管理办公室,受理物业相关的投诉。其次,截至2020年,青秀区住宅小区总数为1120个,占南宁市住宅小区的1/3。其中,拥有物业服务企业的小区有691个,占比61.70%;成立业委会的小区有188个,占比15.89%。表4-2为青秀区不同街道(开发区)业委会的组建情况。其中,组建比例最高的是南湖街道,为25.17%;组建比例最低的是中山街道,仅为8.07%。最后,党的十八大以来,青秀区致力于推动小区成立业委会。"十三五"期间,青秀区共计备案审核成立了163个业委会。❶ 总的来说,青秀区是南宁市小区治理方面的优等生,值得深入调查研究。

表4-1 南宁市城区业委会成立情况

城区	小区总数/个	业委会成立数量/个	成立业委会比例/%
青秀区	1070	213	19.91
西乡塘区	785	70	8.92
邕宁区	148	0	0.00
良庆区	103	16	15.53
江南区	309	27	8.74
兴宁区	425	24	5.65
武鸣区	132	18	13.64
广西-东盟经济技术开发区	18	0	0.00
高新技术产业开发区	56	15	26.79
南宁经济技术开发区	83	6	7.23

注:数据来源于张义斌,李琼波. 基于社区治理视角的住宅物业服务发展现状及提升路径分析——以南宁市为例[J]. 住宅与房地产,2020(33):16-17。

表4-2 南宁市青秀区物业管理和业委会成立情况

街道名称	社区数/个	小区总数/个	有物业的小区数/个	有物业的小区占比/个	有业委会的小区数/个	有业委会的小区占比/%
建政街道	8	149	100	67.11	22	16.11

---

❶ 南宁市青秀区人民政府. 青秀区年鉴(2020)[EB/OL]. (2021-08-03)[2022-03-29]. http://www.qingxiu.gov.cn/gaikuang/qxnj/t4826777.html。

续表

街道名称	社区数/个	小区总数/个	有物业的小区数/个	有物业的小区占比/个	有业委会的小区数/个	有业委会的小区占比/%
中山街道	11	161	93	57.76	8	8.07
新竹街道	12	286	138	48.25	25	12.59
津头街道	15	252	179	71.03	36	21.83
南湖街道	13	143	130	90.91	31	25.17
仙葫经济开发区	7	129	51	39.53	12	10.85
总计	66	1120	691	61.70	134	15.89

注：数据来源于南宁市青秀区住房和城乡建设局。

4.2 小区治理绩效的客观评价

4.2.1 评价方法

绩效是管理学的概念，是指成绩与成效的综合。绩效评价的对象可以是个人、组织、群体、业务、活动和系统。绩效评价有三种常见的策略，包括基于输入的评价、基于输出的评价、基于过程的评价。小区治理绩效是反映小区治理水平的概念工具。本书综合已有相关文献，将小区治理绩效定义为以业主为代表的小区居民为了实现小区善治的目标在小区公共事物和公共事务治理中发挥的功能及产生效益、效果的综合体现。

如何科学客观地评价小区治理绩效一直是学界面临的一个难题。第二章的文献综述表明：国外研究一般将小区治理视为小区公共事物的治理，采用专家打分的方法，对小区治理结果进行打分，常用的评价指标有房价水平、建筑物健康状况、建筑物安全状况、建筑物智能化水平等。国内研究一般将小区治理绩效视为业委会内部治理绩效，采用问卷的形式收集汇总居民对业委会的评价，常用指标有维权能力、信任度、利益契合度、服务满意度等。虽然国内外研究在小区治理绩效的定义、评价指标选取上存在明显的不同,但它们大多采用了基于输出的评价策略。因此,本书也将采用相同的评价策略。

小区治理绩效包含外部绩效和内部绩效两个部分。外部绩效是指小区治理的客观结果。参考学者陈光普的思路,它包括治理架构和治理效果两个维度。治理架构是指业主自主治理的实现程度,以及业主组织与其他治理主体之间的关系。❶ 治理效果是指建筑设施、环境卫生、出入管理、车辆管理、安全管理五个方面治理结果的好坏程度。内部绩效是指业委会的内部治理绩效,包括业委会在合法性、决策权力、制度建设、公开透明四个方面的成效。

治理绩效评价是一个系统性工作,评价结果的准确性和有效性很大程度上是由所选取的指标所决定。因此,本书从小区治理绩效的内涵出发,秉持指标体系的科学性、系统性、层次性、完备性和可操作性原则,选取了 6 个二级指标,21 个三级指标,构建了小区治理绩效评价体系。表 4 - 3 给出了具体的评价指标和评价标准。

表 4 - 3　小区治理绩效评价体系及评价标准

一级指标	二级指标	三级指标	评价标准
外部绩效	治理架构	聘请了物业公司	是 = 1;否 = 0
		由谁聘请了物业公司	业主 = 4;街道/居委会 = 3;开发商 = 2;其他 = 1
		物业公司在小区服务年限	3 年以下 = 1;3 ~ 10 年 = 2;10 年以上 = 3
		小区管理模式	居委会代管 = 1;物业管理公司负责制 = 2;业主自管 = 3;业委会 + 物业管理公司 = 4;其他 = 0
		小区沟通平台	小区如拥有下列平台则加 1 分:业主微信群、业主 QQ 群、小区公众号、论坛、楼栋长、业主志愿团队、其他沟通媒介

---

❶ 陈光普. 社区治理绩效:评估指标体系与实证分析 [J]. 宁夏社会科学,2020 (1):136 - 144.

续表

一级指标	二级指标	三级指标	评价标准
外部绩效	治理结果	建筑设施	外墙违章搭建视严重程度给1~5分；外墙皮剥落老化视严重程度给1~5分；公共区域照明视情况给1~5分
		环境卫生	公共区域地面卫生视情况给1~5分；垃圾堆放及分类视情况给1~5分；植被绿化养护视情况给1~5分
		出入管理	大门出入管理视情况给1~5分，单元楼出入管理视情况给1~5分；楼层出入管理视情况给1~5分
		车辆管理	机动车停放管理视情况给1~5分；非机动车停放管理视情况给1~5分（不适用直接给5分）
		安全管理	保安值守视情况给1~5分，安全监控设施视情况给1~5分；安全警示标志视情况给1~5分；消防设施视情况给1~5分；消防通道视情况给1~5分
内部绩效	合法性	小区业主大会和业主委员会是否已经备案	是=1；否=0
		过去三年，小区业委会是否召开过业主大会	是=1；否=0
		小区业委会是否仍在任期内	是=1；否=0
	决策权力	小区业委会是否有独立的办公场所	是=1；否=0
		小区业委会是否掌管了公共维修基金	是=1；否=0
		小区业委会是否掌管了公共收益	是=1；否=0
	制度建设	小区业委会是否制定了业主议事规则	是=1；否=0
		小区业委会是否成立了监事会	是=1；否=0

续表

一级指标	二级指标	三级指标	评价标准
内部绩效	公开透明	小区业委会是否能及时公布各项会议记录资料	是＝1；否＝0
		小区业委会是否能定期披露小区财务状况	是＝1；否＝0
		小区业委会是否会制订年度财务预算	是＝1；否＝0

4.2.1 资料收集过程

2021年9月至2022年1月，笔者带领的调研团队在南宁市青秀区进行实地调研，获取了小区治理相关的真实数据。以下是调研的基本信息。

调研团队。本次调研团队共有14人。其中负责人1名，由笔者担任；质控员3名，由笔者所指导的研究生担任；调查员12名，由笔者招募的行政管理专业本科生担任。质控员和调查员皆有过社会调查的经验。他们在正式调研前还需接受调查内容和调查技巧方面的专门培训，以保障调查过程的严谨性和规范性。

抽样方法。首先，从南宁市住房和城乡建设局获取了青秀区住宅小区的信息列表并建立了抽样框。其次，采用街道—小区—个人的多阶段抽样法，从青秀区的6个街道中抽取了64个小区共计715位受访者。在抽取小区时，采用了随机抽样的原则，充分考虑了小区在空间分布、建筑属性、管理方式等多个方面的变异性。此外，在抽取受访者时，由于正值疫情时期绝大多数小区都实施了封闭式管理，因此采用了方便抽样法。目的是扩大样本量为实证分析打基础。

调研方法。采用调查员初次收集数据、质控员二次审核的方式保障调研数据质量。首先，调查员需完成两份纸质问卷的填写，分别是小区卷和居民卷。小区卷主要是收集样本小区建筑年份、规模、物业类型、物业管理状况等方面的信息。居民卷是收集样本小区居民人口属性、自治意识、社区参与、小区治理满意度评价等方面的信息。小区卷要求调查员借助网络搜索、实地观察、访问物业服务企业/业委会成员等多种手段完成；居民卷需要调查员协助受访者自填完成。其次，调查员需提供样本小区的照片、受访者的照片、小区物业管理公司的联系方式和受访者的联系方式，以保证调研数据的真实性。最后，质控员将根据照片和纸质问卷核实相关数据。对于不合格的数据将发还给调查员重做。

调查阶段。整个调研过程分为四个阶段。第一阶段是2021年9月10日至2021年9月30日。这个阶段的主要工作是设计调查问卷，招募培训调查员及质控员，建立样本抽样框。第二阶段是2021年10月1日至2021年10月7日。这阶段是预调查阶段，调研团队实地走访了30个样本小区，访问了144位居民。第三阶段是2021年10月20日至2021年12月31日。这阶段是正式调查阶段。调研团队首先结合预调查结果优化改进了问卷设计，替换了不符合要求的样本小区（如登记信息错误、用途商业化、住户空心化的小区）。然后，调研团队利用改进后的问卷，实地走访了34个样本小区，访问了385位居民。第四阶段是2022年1月6至2022年1月10日，调研团队对上一阶段未完成的任务进行补充跟进，追加访问了185位居民。

4.2.3 样本情况

本次调研共计实地走访了64个样本小区。这些小区在空间分布、建筑属性、管理模式等方面存在较大的变异性。因而，它们具有很好的代表性。具体来看，如表4-4所示，样本小区分布在南宁市青秀区的各街道（开发区），成立了业委会和未成立业委会的小区各占一半。如表4-5所示，25.0%的样本小区是机关/事业单位小区；65.6%的样本小区是商品房小区；3.1%的样本小区是政策性住房；3.1%的样本小区是未经改造的街坊型社区。几乎所有的样本小区都处于封闭状态，要么有保安值守，要么需要门禁卡出入。样本小区中，混合用途（部分商业用途、部分住宅用途）的小区占多数，比例为51.6%；采用高层设计的小区比较多，所有楼栋都是高层（11层以上）比例接近27.0%；绝大多数小区都有附属设施，排名前三的附属设施是停车场、公告栏/宣传栏和垃圾分类设施。如表4-6所示，就建筑年份来看，最小值是1980年，最大值是2018年，均值是

2004年。这显示出样本不仅涵盖老旧小区，还包括新建小区。就住房均价来看，最小值是7121元/平方米，最大值是22 578元/平方米，均值是13 448元/平方米。这说明样本覆盖了高中低档的住宅小区。就住户数来看，最小值是24户，最大值是3695户，均值是659户。这反映样本包括了大中小型的住宅小区。就物业管理费来看，总体相差不大，均值在0.9元/平方米/月。

表4－4　样本小区的街道分布情况　　　　　　　单位/个

街道	有业委会小区数	无业委会小区数	共计
建政街道	4	5	9
中山街道	4	5	9
新竹街道	6	9	15
津头街道	5	8	13
南湖街道	5	3	8
仙葫经济开发区	8	2	10
总计	32	32	64

注：数据来源于实地调研。

表4－5　样本小区的建筑信息

特征	类别	该类别所占比例/%
小区类型	机关/事业单位小区	25.0
	商品房住宅小区	65.6
	政策性住房	3.1
	未经改造的街坊型小区	3.1
	其他（如别墅）	3.1
使用情况	纯住宅用途	48.4
	部分商业用途、部分住宅用途	51.6
	其他	0.0
建筑形式	所有楼栋都是多层（7层以下）	14.0
	所有楼栋都是小高层（7~11层）	14.0
	所有楼栋都是高层（11层以上）	27.0
	混合型	9.0
	其他	0.0

续表

特征	类别	该类别所占比例/%
封闭情况	有保安值守，需要门禁卡	28.0
	无保安值守，需要门禁卡	27.0
	有保安值守，无须门禁卡	8.0
	无保安值守，无须门禁卡	1.0
	其他	0.0
小区设施	有停车场	93.8
	有开敞空间	64.1
	有儿童设施	42.2
	有体育锻炼设施	54.7
	有垃圾分类设施	79.7
	有公告栏/宣传栏	89.1
	游泳池	21.9
	有会所	10.9
	有休闲椅	53.1
	有其他公共设施	3.1

表4-6 样本小区的其他基本信息

特征	最小值	最大值	均值	标准差	偏度	峰度
建筑年份	1980	2018	2004	7.7	-0.8	1.3
住房均价/元/平方米	7121.0	22578.0	13448.9	3496.5	0.1	-0.1
住户数目/户	24.0	3695.0	659.3	893.8	1.9	3.0
物业费/元/平方米/月	0.3	1.8	0.9	0.3	0.7	0.3

注：数据来源于政府部门网站和商业房产网站（如安居客、搜房网）。

本次调研共计面对面访问了715位小区居民。这些受访者在人口属性、居住特征等方面具有较大的差异，因此他们也具有代表性。如表4-7所示，男性受访者和女性受访者比例接近1:1；本地户籍受访者和非本地户籍受访者的比例分别为63.9%和36.1%；月收入在4000~7000元的受访者较多，约占38.0%；获得本科学历的受访者较多，比例接近41.4%；受访者中54.5%是群众。如表4-8所示，受访者的平均年龄为39.9岁，平均居住年限为7.5年。

表4-7 受访者的基本信息

变量名称	赋值方式	类别所占百分比/%
性别	男=1	45.7
	女=0	54.3
婚姻状况	未婚=1	24.5
	已婚=0	75.5
户籍	本地户籍=1	63.9
	非本地户籍=0	36.1
居住身份	业主本人=1	55.2
	非业主本人=0	44.8
月收入水平	[0, 4000]=1	31.3
	(4000, 7000]=2	38.0
	(7000, 10 000]=3	19.2
	10 000元以上=4	11.5
教育水平	取得小学及以下学历=1	3.9
	取得初中学历=2	9.8
	取得高中学历=3	13.4
	取得专科学历=4	22.8
	取得本科学历=5	41.4
	取得研究生及以上学历=6	8.7
政治面貌	共产党员、民主党派、共青团员=1	45.5
	群众=0	54.5
业委会	所在小区成立了业委会=1	66.9
	所在小区未成立业委会=0	33.1
物业公司	所在小区聘请了物业公司=1	80.7
	所在小区未聘请物业公司=0	19.3

表4-8 受访者的年龄和居住年限的基本描述统计量

	最小值	最大值	均值	标准差	方差
年龄/岁	13.0	91.0	39.9	14.7	216.9
居住年限/年	0.5	67.0	7.5	8.3	69.6

4.2.4 评价结果

对于给定的小区，由受过培训的调查员按照评价指标和评价标准对它的实际情况进行打分，能够得到小区的外部绩效得分。如表4-9所示，外部绩效得分最高为92.0，最低为28，均值为68.2，标准差为17.4。利用单样本K-S检验其正态性（$P=0.225>0.05$），发现外部绩效得分符合正态分布。具体来看，在治理架构方面，70.0%的样本小区都聘请了物业服务企业，30.0%的样本小区没有聘请物业服务企业。48.8%的样本小区是物业服务企业由业主自主选聘，39.5%的样本小区由开发商指定的；4.7%的小区由街道/居委会代聘。就物业服务年限来看，36.4%的小区服务年限小于3年，25%的小区服务年限在3~10年，38.6%的小区年限超过10年。就小区管理模式来看，36.7%的小区采用了业委会+物业服务企业的管理模式；采用业主自管和物业服务企业负责制的比例大致相当，分别为26.7%和28.3%。就沟通平台来看，58%的小区有业主微信群/QQ群。在治理结果方面，如图4-1所示，建筑设施、环境卫生、出入管理、安全管理和车辆管理五个方面的得分均值差别不大。

表4-9 外部绩效的基本描述统计量

项目	最小值	最大值	均值	标准差	偏度	峰度
外部绩效得分	28.0	92.0	68.2	17.4	-0.6	-0.5

注：有4个样本小区存在缺失值，因而参与计算的实际样本小区数为60个。

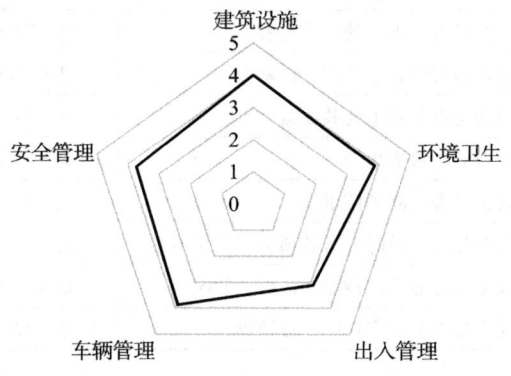

图4-1 样本小区治理结果得分的雷达图

按照同样的方法,求取了64个样本小区的内部绩效得分。其中32个没有业委会的小区,内部绩效得分为0;32个有业委会的样本小区,内部绩效得分大于0。如表4-10所示,32个有业委会的样本小区中,内部绩效得分最高为11.00,最低为1.00,均值为7.08,标准差为2.26。利用单样本K-S检验其正态性($P=0.190>0.05$),发现内部绩效得分符合正态分布。具体来看,如表4-11所示,32个有业委会的小区中,88.2%的小区已经备案且业委会仍在任期内,85.3%的小区在过去三年召开过业主大会。有58.8%的小区,业委会能够掌管公共维修基金/公共收益。有38.2%的小区没有制定业主议事规则,58.8%的小区没有成立监事会。在公开透明方面,38.2%的小区没有及时公布各项会议记录资料;44.1%的小区业委会没有定期披露小区财务状况,没有制定年度财务预算。总的来说,调研显示业委会的成立能够符合法律规定,但其在决策权力、制度建设、公开透明等日常运作方面还存在明显的不足。

表4-10 内部绩效得分的基本描述统计量

项目	最小值	最大值	均值	标准差	偏度	峰度
内部绩效得分	1.00	11.00	7.08	2.26	-0.60	0.30

表4-11 样本小区中业主组织内部治理情况

特征	类别	类别所占比例
合法性	小区业主大会和业主委员会是否已经备案	是=88.2%;否=11.8%
	过去三年,小区是否召开过业主大会	是=85.3%;否=14.7%
	小区业委会是否仍在任期内	是=94.1%;否=5.9%
决策权力	小区业委会是否有独立的办公场所	是=70.6%;否=29.4%
	小区业委会是否掌管了公共维修基金	是=58.8%;否=41.2%
	小区业委会是否掌管了公共收益	是=58.8%;否=41.2%
制度建设	小区是否有业主议事规则	是=61.8%;否=38.2%
	小区业委会是否成立了监事会	是=41.2%;否=58.8%
公开透明	小区业委会是否能及时公布各项会议记录资料	是=61.8%;否=38.2%
	小区业委会是否能定期披露小区财务状况	是=55.9%;否=44.1%
	小区业委会是否会制定年度财务预算	是=32.4%;否=67.6%

将外部绩效得分和内部绩效得分相加,得到了样本的治理绩效综合得

分。如表 4-12 所示，综合得分最高为 99.00，最低为 28.00，均值为 71.65，标准差为 19.10。利用单样本 K-S 检验其正态性（P 值 = 0.150 > 0.050），发现综合得分也符合正态分布。利用 SPSS24.0 软件的 Pearson 相关系数模块计算建筑年份、住房均价、物业费、住户数与治理绩效综合得分的相关性。如表 4-13 所示，除住房均价外，其余三个因素与综合得分都存在显著的相关性，其中建筑年份与治理绩效综合得分的相关性最强。

表 4-12 治理绩效综合得分的基本描述统计量

项目	最小值	最大值	均值	标准差	偏度	峰度
绩效综合得分	28.00	99.00	71.65	19.10	-0.71	0.51

表 4-13 治理绩效综合得分与其他变量的相关系数

项目	建筑年份	住房均价	物业费	住户数
Pearson 相关系数值	0.56	0.17	0.48	0.44
P 值	0.00	0.20	0.00	0.00

利用 SPSS24.0 软件的方差分析模块，考查小区类型与治理绩效综合得分的相关性，如表 4-14 所示，不同类型小区的治理绩效综合得分均值并不相同（F 值 = 5.50，P 值 = 0.001 < 0.001）；商品房小区与机关事业单位小区的综合治理绩效得分均值存在显著性差异（P 值 = 0.000 < 0.050）；商品房小区的综合治理绩效得分比机关事业单位小区的综合治理绩效得分高 19.03。

表 4-14 小区治理绩效综合得分与小区类型的方差分析结果

项目	平方和	Df 值	均方	F 值	P 值
组间	6151.16	4	1537.79	5.50	0.001
组内	15 378.49	55	279.61	—	—
总数	21 529.65	59	—	—	—

根据相关性分析和方差分析的结果，利用 SPSS24.0 软件的回归分析模块进一步探讨小区治理绩效综合得分的差异性。在回归模型中，将因变量设为小区治理绩效综合得分，将自变量设为小区建筑年份、住房均价、物业费、住户数、小区类型，得到如下结果。整体来看，回归模型的 R^2 为

0.426，样本量为60，F值为7.419，P值为0.000。这说明因变量和自变量的组合之间存在显著的线性关系，自变量的组合能够解释因变量变化的42.6%。所有变量的VIF值都小于10。这说明回归结果受自变量共线性的影响可以忽略。对保存的标准残差进行K-S正态检验，检验的P值=0.463，可以认为标准残差符合正态分布。此外，Dubin-Watson值等于1.1，这说明残差序列可能存在一些自相关线性；以标准化预测值为X轴，标准化残差为Y轴，绘制散点图，发现残差方差不随因变量的变化而变化，可以认为不存在异方差现象。总的来说，回归方程满足了假设前提条件，回归方程参数的估计是有效的。就回归系数来看，如表4-15所示，建筑年份和小区类型能够显著影响小区治理绩效综合得分，而住房均价、物业费和住户数与治理绩效综合得分不存在显著的相关性。进一步比较建筑年份和小区类型的标准回归系数，发现建筑年份对小区治理及综合得分的影响更为重要。

表4-15 小区治理绩效综合得分的差异性分析

项目	非标准化系数	标准误差	标准系数	T值	P值
建筑年份	1.011	0.364	0.354	2.776	0.008
小区类型	6.249	3.098	0.226	2.017	0.049
住房均价	0.789	7.230	0.012	0.109	0.914
物业费	8.987	7.012	0.172	1.282	0.206
住户数	0.004	0.002	0.192	1.605	0.115
常量	-1982.27	727.496	—	-2.725	0.009

注：建筑年份=调查时间-建筑时间。小区类型赋值如下：0=其他；1=机关事业单位小区；2=商品房小区；住房均价=小区住房均价取对数；物业费为月/平方米；住户数为建筑户数。

4.3 小区居民治理的主观满意度评价

本节将引入居民满意度的概念，采用居民主观评价的方式刻画小区治理的水平。居民满意度是指居民对小区治理的积极评价程度。本节将居民对小区治理的满意度分为对小区物业管理的满意度、对小区治理主体的满意度和对小区业委会工作的满意度三个方面。

4.3.1 对小区物业管理的满意度

居民对小区治理的满意度可以指向小区治理的方方面面。但不同的小区，其治理的具体内容并不相同。为了能够最大限度地反映居民对小区治理的满意度，选择物业管理活动作为重点考察内容。众所周知，绝大多数小区都需要物业服务，大致包括"居住环境""清洁服务""保安服务""绿化养护服务""公共设施维护""财务状况公布""高空掷物管理""垃圾分类""出入停车管理"。结合疫情期间社区防控的大背景，增加了"新冠肺炎疫情防控"的子项。因此，居民需要评价共计十个方面的治理内容。

根据调研数据，计算了受访者在上述十个方面的满意度均值。如表4-16所示，满意度最高的是新冠肺炎疫情防控，得分为3.72分。这显示受访者对"新冠肺炎疫情防控"总体处于比较满意的状态。满意度最低的是"财务状况公布"，得分仅为2.82分。这说明受访者对物业管理中的财务管理比较不满意。除"新冠肺炎疫情防控"和"财务状况公布"，受访者在余下七个方面的满意度得分均在3~4分。这说明受访者对小区物业管理的满意度并不高，处于刚刚达标的状态。以上结果与中国消费者协会2019年在全国做的物业管理调查基本一致。

表4-16 受访者对不同物业管理活动的满意度情况

特征	均值	不同满意度水平所占比例				
		1	2	3	4	5
居住环境	3.72	1.3	8.1	40.3	41.6	8.7
清洁服务	3.42	3.9	11.8	38.5	30.4	15.4
保安服务	3.42	5.9	10.3	35.8	31.5	16.5
绿化养护服务	3.41	5.5	12.6	34.7	29.9	17.3
公共设施维护	3.24	7.0	15.5	36.4	28.3	12.9
财务状况公布	2.82	15.5	20.8	37.5	18.5	7.7
高空掷物管理	3.36	7.7	15.1	29.8	28.8	18.6
垃圾分类	3.24	9.0	14.4	35.9	25.5	15.2
出入停车管理	3.33	9.0	12.9	32.0	29.0	17.2
新冠肺炎疫情防控	3.72	3.6	8.4	27.6	33.3	27.1

将居民在上述十个方面的满意度加总得到综合满意度，采用SPSS24.0

软件的回归分析模块检验如下研究假设:"小区治理模式是否能影响居民的综合满意度"。在回归模型中,将因变量设为受访者综合满意度,将关键自变量设为受访者所在小区的治理模式,将控制变量设为个体性别、年龄、婚姻状况、月收入水平、教育水平、户籍身份、政治面貌、居住年限、居住身份。从回归结果的整体来看,如表4-17所示,R^2为0.248,样本量为663,F值为4.275,P值为0.000。这说明因变量和自变量的组合之间存在显著的线性关系,自变量的组合能够解释因变量变化的24.8%。所有变量的VIF值都小于10,这说明回归结果受自变量共线性的影响可以忽略。对保存的标准残差进行K-S正态检验,检验P值=0.626,可以认为标准残差符合正态分布。此外,Dubin-Watson值等于1.6,这说明残差序列可能存在一些自相关线性。以标准化预测值为X轴,标准化残差为Y轴,绘制散点图,发现残差方差不随因变量的变化而变化,可以认为不存在异方差现象。总的来说,回归方程满足了假设前提条件,因此回归方程参数的估计是有效的。就回归的具体结果来看,管理模式的P值=0.097<0.1,说明受访者满意度与受访者所在小区的管理模式存在显著的相关关系。管理模式的回归系数为0.494>0,表明管理模式得分每增加一个单位,综合满意度水平也将增加一个单位。即业委会+物业公司的管理模式、业主自管模式要优于物业公司负责制和居委会代管模式。

表4-17 居民满意度与小区管理模式的关联性分析

项目	名称	非标准化系数	标准误差	标准系数	T值	P值
核心自变量	管理模式	0.494	0.297	0.065	1.663	0.097
控制变量	性别	0.709	0.676	0.042	1.049	0.295
	年龄	0.095	0.034	0.146	2.766	0.006
	婚姻状况	-0.289	0.980	-0.142	-2.951	0.003
	教育水平	0.210	0.315	0.031	0.665	0.506
	月收入水平	-0.587	0.381	-0.068	-1.538	0.125
	政治面貌	0.106	1.472	0.005	0.072	0.943
	居住身份	0.985	0.513	0.125	1.919	0.055
	居住年限	-0.073	0.048	-0.066	-1.506	0.133

4.3.2 对小区治理主体的满意度

从多元主体共治的视角出发，小区治理是以全体业主为治理主体，各利益相关方友好协作达成小区善治的过程。那么，居民对各利益主体在小区治理中工作的满意度就成为观察小区治理水平的窗口。沿着该思路，本书在调查中设置了两项问题。一是小区治理包含哪些主体？二是对治理主体工作的满意度如何？

根据调查数据统计受访者第一个题项：4.1%的受访者认为小区治理主体不包括业主；13.7%的受访者认为小区治理主体不包括租户；35.2%的受访者认为小区治理主体不包括业主大会和业委会；8.3%的受访者认为小区治理主体不包括物业公司；8.3%的受访者认为小区治理主体不包括街道办和居委会；16.2%的受访者认为小区治理主体不包括住房和城乡建设局等政府职能部门；24.2%的受访者认为小区治理主体不包括社工；23.5%的受访者认为小区治理主体不包括社区社会组织。

结合调查数据计算受访者第二个题项：受访者对各主体在小区治理中的工作基本满意。如表4-18所示，满意度较高的是业主大会和业委会、街道办和居委会，满意度均值分别为3.25和3.26；满意度最低的是租户，其满意度均值为2.99。

表4-18 受访者对治理主体的满意度情况

治理主体类别	均值	不同满意度水平所占比例				
		1	2	3	4	5
业主	3.40	3.5	8.6	43.3	33.4	11.2
租户	2.99	8.9	17.7	45.1	22.4	6.0
业主大会和业委会	3.25	6.1	10.6	45.7	27.7	10.0
物业管理公司	3.12	8.4	14.2	42.7	26.2	8.5
街道办和居委会	3.26	5.0	13.1	42.7	29.6	9.6
住建局等政府职能部门	3.11	8.2	12.9	46.4	24.5	8.0
社工	3.15	6.5	13.7	48.0	22.0	10.0
社区社会组织	3.12	7.3	14.3	46.4	22.7	9.3

4.3.3 对业委会工作的满意度

为了更进一步了解居民对业委会工作的满意度。本书在调查中要求受访者给出他们对十二项业委会日常工作的满意度。如表4-19所示，受访者对业委会工作的综合满意度为3.29。受访者比较不满意的是财务状况公开、年度财务预算制定、业主管理规约执行等工作；比较满意的是业委会能够代表业主向开发商/物业服务企业维权、制定业主议事规则，以及监督物业服务企业的工作。

表4-19 受访者对业主组织的满意度

业委会工作事项	均值
协助制定业主议事规则	3.17
定期召开业主大会会议	3.07
定期召开业主委员会会议	3.11
及时公布会议资料和记录	3.03
及时回应业主的建议和诉求	3.16
定期披露小区财务状况	2.91
制定年度财务预算	2.86
监督业主管理公约的执行	3.00
监督物业服务企业的服务	3.15
调解业主之间的纠纷	3.13
代表业主向开发商/物业服务企业维权	3.18
举办活动丰富居民的精神文化生活，培育邻里关系	3.11
业委会工作的综合满意度	3.29

第 5 章 小区业主自治意识

业主自治是小区善治的新取向。但学界和实务界一致认为是业主缺乏自治意识,造成了小区治理水平低下。那么,什么是业主自治意识呢? 当前业主自治意识究竟处于何种水平呢? 业主自治意识又受到哪些因素的影响呢? 如何提高业主自治意识呢? 本章围绕上述四个问题展开。

5.1 自治意识的概念

5.1.1 研究自治意识的意义

小区治理是一种新的住房管理理念和方式,它可以定义为"以业主为治理主体、以建筑物区分所有权为法理依据,以业主大会和业委会为组织架构,以业主自主治理为中心、各相关利益方友好协作管理小区资源的过程。"[1] 业主自治是小区善治的重要机制。业主自治是指小区业主自行或自主对房屋及其附属设施进行管理而不受外部权威干预影响的过程。业主自治包括确权和行权两个阶段,确权是指业主在实践层面上获得自我管理的权利,确立主体地位;行权是指业主在日常实践中行使业主自我管理的权利,处理小区的日常公共事务。[2] 业主通过确权将生硬的法律条文变成鲜活的权利实

---

[1] 杨玉圣. 论小区善治面临的主要矛盾——兼论小区公共事务治理之道 [J]. 政法论坛, 2013, 31 (3): 12.

[2] 肖林. 业主社区的兴起及其自主治理 [J]. 中国治理评论, 2013 (2): 42 - 64.

践，通过权利实现对自治权的保护和控制。

业主自治依赖业主的主观能动性。主观能动性是一个哲学概念。❶ 它描述了人不是消极地适应环境，而是积极能动地改造环境满足自己需要的过程。主观能动性一般包含两个层面的含义：一是主体主动地认识客观世界；二是主体在正确认识客观世界的指导下，主动地改造客观世界。❷ 随着住房产权的个人化和住房管理的专业化，小区物业管理逐渐摆脱国家一元控制和全权把控的局面，成为一个新的公共空间。❸ 在这个新的公共空间里，小区业主需要发挥主观能动性，在对自治活动正确认识的基础上，妥善处理小区的公共事务。

众多学者已经注意到业主主观能动性在小区自治中扮演着重要的角色。已有研究按照研究重点可划为三个类别。一是关注个体意识在小区治理中的作用。例如，刘能指出行动者对怨恨的解释和理性计算是业主维权行动发生的关键变量❹；吴晓林指出物权意识觉醒与物权受损现实之间的冲突是业主维权的内驱力❺；朱宪辰及其团队重点研究了个体认知与小区治理的关联性，包括效用评价❻、供给责任认知❼、决策权利归属认知❽、主观贴现率❾、治理偏好及信念❿。二是关注个体行动力在小区治理中的作用。例如，张磊的案例分析指出有效的动员、适当的策略、丰

---

❶ 杜任之. 论主观能动性问题 [J]. 哲学研究，1980（6）：43 – 51.

❷ 王冰. 马克思主观能动性思想的历史演进 [J]. 学理论，2014（13）：28 – 29.

❸ 张磊，刘丽敏. 物业运作：从国家中分离出来的新公共空间国家权力过度化与社会权利不足之间的张力 [J]. 社会，2005（1）：144 – 163.

❹ 刘能. 怨恨解释、动员结构和理性选择——有关中国都市地区集体行动发生可能性的分析 [J]. 开放时代，2004（4）：57 – 70.

❺ 吴晓林. 中国城市社区的业主维权冲突及其治理：基于全国 9 大城市的调查研究 [J]. 中国行政管理，2016（10）：128 – 134.

❻ 朱宪辰，章平. 共享资源自发供给制度的产生——一个动态演化模型解释 [J]. 财经研究，2005（7）：5 – 15，90.

❼ 关宏宇，朱宪辰，章平，等. 共享资源治理制度转型中个体规则认同与策略预期调整——基于南京住宅小区老旧电梯更新调查研究 [J]. 管理评论，2015，27（8）：13 – 22.

❽ 朱宪辰，章平，黄凯南. 资源支配权预期、学习经历与制度发生——基于南京市 30 个小区共享资源治理过程 878 个样本的经验数据 [C]//中国制度经济学年会论文集，2006：560 – 575.

❾ 宋妍，朱宪辰. 主观贴现率差异对集体物品产出的影响 [J]. 数学的实践与认识，2008（11）：17 – 23.

❿ 宋妍，朱宪辰，晏鹰. 偏好差异与城市社区共享资源的自发治理——以南京富丽山庄社区的居民自治为例 [J]. 工业技术经济，2008，27（12）：75 – 77.

富的资源及业委会的成立是业主维权的核心因素;❶ 盛智明的实证研究表明组织动员方式、行动策略和机会结构是业主维权的关键;❷ 三是关注个体意识与在小区治理中的共同作用。例如,管兵的案例分析指出行动者的民主意识在维权行动和业委会成立过程中得到了加强,而这种民主意识又指导行动者按照民主程序来应对后续的物业纠纷。❸ 吴晓林和李昊徐的调研指出业主对个益、共益和他益的认知能够影响他们维权行动的积极性。❹ 陈晓运通过案例展示了法权意识和集体行动之间螺旋式互促的过程。❺

本书重点关注业主自治意识,主要原因有两方面。一是自治意识是业主行动的前提。只有当业主具备了一定的自治意识,他们才能在实践中把握机会并创造性地利用资源,达成小区治理的目标。❻ 二是研究业主自治意识具有重要的理论意义和实践意义。在理论层面,虽然已有研究都承认业主自治意识在小区治理中的重要性。但很少有研究讨论业主自治意识的本质及其影响因素。此外,针对我国业主自治意识的现状,当前存在两种截然相反的观点。一种观点认为住房制度改革后业主的自治意识逐步提升并不断高涨。这种观点指出全国范围内业主的维权行动和集体诉讼每天都在上演,折射出业主对小区治理的重视。另一种观点认为业主自治意识严重不足,这导致业委会成立比例不高,运作难和治理难等一系列问题。因此,对业主自治意识开展研究,不仅能为上述争论提供参考性证据,还能帮助社区治理实务者实施有针对性的干预。

---

❶ 张磊. 业主维权运动:产生原因及动员机制——对北京市几个小区个案的考查 [J]. 社会学研究, 2005 (6): 1-39, 243.

❷ 盛智明. 组织动员、行动策略与机会结构业主集体行动结果的影响因素分析 [J]. 社会, 2016, 36 (3): 110-139.

❸ 管兵. 维权行动与社区民主意识:以B市商品房业主为例 [J]. 学海, 2016 (5): 86-91.

❹ 吴晓林, 李昊徐. 城市商品房社区的冲突与精细化治理——一个以业主行为为中心的考察 [J]. 内蒙古社会科学 (汉文版), 2019, 40 (2): 22-27.

❺ 陈晓运. 法权行动主义与小区自主治理——基于G市Q小区案例的考察 [J]. 社会学评论, 2021, 9 (6): 65-82.

❻ 孙小逸, 黄荣贵. 维权情境中的自发性认知解放以业主积极分子的权利意识的演进为例 [J]. 社会, 2016, 36 (3): 140-166.

5.1.2 自治意识的定义

将自治意识作为研究对象,就必须对它加以界定,描绘出它的内涵和本质,以及它区别于其他事物的主要特征。然而,这并不是一件容易的事情。首先,意识这一概念本身就是模糊且富有争议的。意识以什么形式存在?它受到什么因素的影响?这些问题是哲学、心理学、脑科学等学科领域长期探索的重要问题。由于篇幅限制,此处无法深入讨论这些深刻的命题。但简单来说,意识是客观存在的,它是人的头脑对于外部物质世界的反映,是感觉、思维等各种心理过程的总和,表现为认知、情感和意志。当人拥有某种意识时,即人处于某种感知、感觉的状态。意识虽是人体验外在环境后的主观感受,但它受到人所处外在环境的影响。因而,意识既是主观的也是客观的。

业主自治意识可以定义为业主对自治活动的感受和认知。那么,自治意识究竟包含哪些内容呢?以"意识"和"consciousness"为关键词,对400篇中英文相关文献进行词频分析,结果发现自治意识是一个多维概念。如表5-1所示,词频分析排名前十的词语分别是权利意识、参与意识、维权意识、自治意识、社区意识、主体意识、产权意识、共同利益意识、公民权意识和公民意识。对文献进行语义分析,结果发现绝大多数文献没有明确界定意识的指向,也没有严格区分意识的不同类型,而是松散地使用这些概念。究其原因在于他们没有把业主自治意识本身作为研究对象。正是由于学界对业主自治意识缺乏公认的概念界定,因而常常给出截然相反的结论。一些研究乐观地认为业主群体是"崛起的中产阶层""自治的领头羊"和"共赢的合作者";另一些研究者认为业主群体只是"维权的代言人""利益的争夺者"和"麻烦的制造者"。

表5-1 中英文文献中与自治意识相关词语的词频分析　　　　单位/次

词语名称	词频	词语名称	词频	词语名称	词频
权利意识	56	合作意识	9	政治参与意识	2
参与意识	29	权益意识	7	家园意识	2
维权意识	26	阶级意识	7	组织意识	1
自治意识	18	法律意识	6	私民意识	1
社区意识	18	权责意识	6	监督意识	1
主体意识	17	协商意识	6	人权意识	1

续表

词语名称	词频	词语名称	词频	词语名称	词频
产权意识	15	责任意识	4	选举意识	1
共同利益意识	14	规则意识	4	—	—
公民权意识	13	角色意识	3	—	—
公民意识	12	认同意识	3	—	—
公共意识	10	集体意识	3	—	—
民主意识	9	利益表达意识	2	—	—

5.1.3 业主自治意识研究述评

如前所述，以业主自治意识为研究对象的文献数量较少且大多关注业主在确权行动中的意识。例如，陈映芳从中产阶层视角描绘了物业纠纷中业主权利意识的生成、拓展和受限。❶ 陈鹏指出业主权利意识的指向包括建筑物区分所有权、社区自治权、公民权。❷ 郭于华和沈原指出业主的权利意识反映了他们对于私权和公权边界的思考。❸ 庄文嘉通过对广州业主抗争案例的追踪分析，探讨了抗争者的"反应性规则执行参与意识"和"进取性规则制定参与意识"。❹ 管兵通过案例分析动态地展示了维权行动促进了行动者民主意识的增长。❺ 孙小逸和黄荣贵按照业主对国家赋予权利的态度（反应性和进取性）和权利的内容（财产权和政治权）两个标准，将维权行动中业主的权利意识划分为维护合法产权、完善产权保护、履行业主自治权、争取业主自治权四个类型，并以业主积极分子为研究对象，利用文本分析方法对微博推文展开分析，揭示了业主积极分子权利意

---

❶ 陈映芳. 行动力与制度限制：都市运动中的中产阶层 [J]. 社会学研究, 2006 (4): 1-20, 242.

❷ 陈鹏. 从"产权"走向"公民权"——当前中国城市业主维权研究 [J]. 开放时代, 2009 (4): 126-139.

❸ 郭于华, 沈原. 居住的政治——B市业主维权与社区建设的实证研究 [J]. 开放时代, 2012 (2): 83-101.

❹ 庄文嘉. 跨越国家赋予的权利？对广州市业主抗争的个案研究 [J]. 社会, 2011, 31 (3): 88-113.

❺ 管兵. 维权行动与社区民主意识：以B市商品房业主为例 [J]. 学海, 2016 (5): 86-91.

识解放的过程。❶ 傅强通过问卷调查的方法考察了上海居民对于住房产权的意识,揭示了业主住房产权意识与社区冲突的数量关系。❷

少部分研究关注业主在行权行动中的意识。于文静认为业主自治意识应包括业主是否知晓法律对业主、业委会和物业服务企业的权利和义务规定。❸ 陈建国认为业主权利意识包括业主对业主间关系的认知,以及业主在个体权益包括群体权益受损时的反应。❹ 蔡荣等（Cai Rogn et al）将产权意识定义为①对产权赋予的居住权、所有权及居住周边公共环境和设施使用权的意识；②利用相关法律法规知识实现对自身权益保护的意识。他们还采用多层回归模型,考查了产权意识受到何种因素的影响,以及产权意识与业委会治理效能之间的关联性。❺ 陈晓运指出业主的权利意识包括业主对法律知识、法律条文的熟悉程度,还包括业主对业主身份、组织身份、自治权归属、维权手段和性质等方面的认知。❻

总的来说,已有研究大多关注业主在维权抗争过程中的意识,对业主在行权治理过程中的意识关注不够。除此之外,几乎所有的研究都是案例研究,仅有的三项定量研究只关注了业主的权利意识,得出的结论并不全面。

5.2 自治意识研究现状

5.2.1 操作化定义

业主自治意识是业主个体对自治活动的感受和感觉。权利意识是业主

---

❶ 孙小逸,黄荣贵. 维权情境中的自发性认知解放以业主积极分子的权利意识的演进为例 [J]. 社会, 2016, 36 (3): 140 – 166.

❷ FU Q. Neighborhood conflicts in urban China: from consciousness of property rights to contentious actions [J]. Eurasian geography and economics, 2015 (56): 285 – 307.

❸ 于文静. 业主视角的业主委员会现状分析——以上海市普陀区 A 街道社区为例 [J]. 现代物业, 2008 (8): 34 – 37.

❹ 陈建国. 城市社区治理参与状况及其影响因素——基于北京市问卷调查的实证分析 [J]. 天津行政学院学报, 2017, 19 (1): 11 – 18.

❺ CAI R, LI C X, HE S J. Consciousness on property rights, homeowner associations and neighborhood governance: Evidence from Shanghai [J]. Cities, 2021 (119).

❻ 陈晓运. 法权行动主义与小区自主治理——基于 G 市 Q 小区案例的考察 [J]. 社会学评论, 2021, 9 (6): 65 – 82.

自治意识的重要内容。这是因为业主自治是住房制度改革后建立起来的一种住房管理安排。只有个体认识到产权的意义，才能意识到自己在自治活动中的权利、责任和义务。在西方语境下，权利意识是个体使用法律惯例和话语，构建对社会世界的理解和关系的动态过程；❶ 包括个体对现有权利的意识、维护权利的意愿及对权利方面的社会关系的理解。❷ 上述定义通常预设了权利是清晰界定的且存在政治上独立的权利执行机构。❸ 我国处于经济社会秩序的快速变动中，法律文本对于权利的界定可能落后于实践。因此，我国情境下个体的权利意识具有独特性。首先，权利意识是一种可以"通过怨恨、概化信念及相关话语"表达出来的对受侵害权益的不满。❹ 权利意识可以有具体的指向，如业主的权利意识可以包括土地使用权、房屋产权、公共空间使用权和收益权，还可以延伸出模糊的更具广泛性的权利，如更具普遍性的表达权、团结权等公民身份和公民权利的意识。❺ 权利意识可以表现为对国家赋予权利的反应性权利意识，又可以表现为超越国家赋予权利的进取性权利意识。❻ 权利意识可以是规则式的，即对地方权利执行机构保护必要性的认识，以及通过直接或间接参与规则执行获得权利保护的愿望；权利意识也可以是创设式的，即对中央规则制定机构保护必要性的认识，以及通过直接或间接参与规则制定获得这种保护的愿望。❼ 就业主自治来说，个体的权利意识包括个体对法律文本中自

---

❶ MCCANN M W. Rights at work：Pay equity reform and the politics of legal mobilization [M]. Chicago：The University of Chicago Press，1994.

❷ STEPHEN L W. History of the court：rights consciousness in contemporary society [M]//HALL K L，JAMES W ELY J，GROSSMAN J B，et al. The Oxford companion o the supreme court of the United States [M]. Oxford：Oxford University Press，1992：398.

❸ LI L. Right's consciousness and rules consciousness in contemporary China [J]. The China journal，2010，22（64）：47–68.

❹ 陈映芳. 行动力与制度限制：都市运动中的中产阶层 [J]. 社会学研究，2006（4）：1–20，242.

❺ 郭于华，沈原. 居住的政治——B 市业主维权与社区建设的实证研究 [J]. 开放时代，2012（2）：83–101.

❻ 庄文嘉. 跨越国家赋予的权利？对广州市业主抗争的个案研究 [J]. 社会，2011，31（3）：88–113.

❼ LI L. Right's consciousness and rules consciousness in contemporary China [J]. The China journal，2010，22（64）：47–68.

治权定义的理解、个人对维护自治权的态度，以及对地方机构在保护自治权利方面的看法。

然而，业主自治意识不仅是权利意识，还包括对以下内容：①对业主组织的认识。我国业主自治需依托业主大会和业委会的组织架构来进行。业主组织是代表业主权益、对小区物业运作进行管理的合法组织。业主想要自治，就必须明确业主组织的职责和作用。例如，业主组织的相关法律规定、业主组织的功能、业主组织与政府部门的关系及单个业主与业主组织的关系。②对小区共有部分和共有财产的认识。业主自治是业主对小区的人、财、物和规则进行管理的过程。业主想要自治，还需要了解小区的共有部分和共有财产状况。③对业主集体行动的认识。业主自治不是单个业主可以独立完成的活动，它依赖全体业主的集体行动。研究表明影响业主集体行动的因素非常多。但从个人主观层面来看，包括个体对行动后公共物品的认知、对参与集体行动成本收益的计算、对自身所在群体集体行动能力的估计、对邻里关系的判断。

总的来说，业主自治意识包括对自治权的认知、对业主组织的认知、对小区共有部分和共有财产的认知及对业主集体行动的认知四个方面。这种划分方法虽未穷尽自治意识的所有方面，但已涵盖了其主要的内容，也比以往研究更进了一步，关注了权利意识以外的其他方面。需要注意的是，上述划分方法仅是为了方便学术讨论。实际中上述四个意识并不是层级清楚、界限分明的。相反它们是交织在一起，共同表征了个体对自治活动及的感受和感觉。

5.2.2　测量方法

在给出自治意识的可操作化定义后，下面介绍自治意识的测量方法。测量方法能够使我们通过量化研究加深对概念的理解，拓展对概念描述现象的认知。由于自治意识属于个体精神层面的范畴，本书借鉴心理学家李克特的量表设计思想来系统测量它。第一步，参考已有文献，拟定一组与自治意识相关的陈述。每一项陈述附带一个李克特五点量表。1表示非常不同意该陈述；2表示比较不同意该陈述；3表示一般同意；4

表示比较同意；5 表示非常同意。第二步，将所有陈述以问卷的形式展示给受访者。请受访者以自我报告的方式表达对各陈述的同意程度。第三步，收集受访者的问卷答案，对量表的可靠性和有效性进行信效度分析。其中，信度分析的目的是检验数据是否真实可靠，即考查多次重复测量的结果是否一致。效度分析的目的是分析量表的准确度、有效性和正确性，即测定值与目标值的偏差大小。常用的信度和效度判断指标很多，本书选用克朗巴赫系数进行信度分析；探索性因子法进行内容效度分析。第四步，加总受访者在每一项陈述上的得分，得到其自治意识总分。表 5-2 列出了业主自治意识的测量量表，它包含了 32 项与自治意识相关的具体陈述。

表 5-2　个体自治意识的测量量表

维度	维度的相关陈述	参考来源
自治权（A）	A1：我知道《物业管理条例》的内容	于文静[1]、蔡荣等[2]、陈晓运[3]
	A2：我知道《民法典》中与小区治理有关的内容	
	A3：业主是小区真正的主人	
	A4：业主应成立业主大会与业委会	
	A5：业主应自己选聘物业管理公司	
	A6：业主应积极参与和监督小区的物业管理活动	
	A7：业主应团结起来捍卫自我治理的权利	
	A8：业主应对涉及小区物业管理的重大事项进行集体决策	
	A9：业主自治应接受街道办和居委会的指导和监督	

---

[1] 于文静. 业主视角的业主委员会现状分析——以上海市普陀区 A 街道社区为例 [J]. 现代物业, 2008 (8)：34-37.

[2] CAI R, LI C X, HE S J. Consciousness on property rights, homeowner associations and neighborhood governance：Evidence from Shanghai [J]. Cities, 2021 (119).

[3] 陈晓运. 法权行动主义与小区自主治理——基于 G 市 Q 小区案例的考察 [J]. 社会学评论, 2021, 9 (6)：65-82.

续表

维度	维度的相关陈述	参考来源
业主组织（B）	B1：业主组织是代表业主权益、管理小区运作的合法组织	邓锋❶
	B2：业主组织应代表业主维权	
	B3：业主组织应监督物业管理公司服务质量	
	B4：业主组织应监督业主公约的实施	
	B5：业主组织应增进邻里关系，处理邻里矛盾	
	B6：业主组织应维护小区房价	
	B7：业主组织应完成街道办事处和居委会交代的任务	
	B8：业主组织的运作依赖全体业主的积极参与	
共有部分和公共财产（C）	C1：本小区公共和专有部分的范围	傅强❷、蔡荣等❸
	C2：本小区业主公约的内容	
	C3：本小区公共维修基金的金额	
	C4：本小区公共收支情况	
	C5：本小区物业费收支情况	
集体认同（D）	D1：我所在的小区大多数人都可以信任	中国社会综合调查问卷❹ 方亚琴和夏建中❺
	D2：我所在的小区，总有人会想办法占我的便宜	
	D3：我所在的小区，大部分人是愿意相互帮助的	
	D4：我所在的小区，邻里之间的关系是和睦的	
	D5：我所在的小区，有家的感觉	
	D6：我很乐意向别人介绍我的小区	
	D7：我为居住在本小区感到自豪	
	D8：我所在的小区，大部分小区居民参与积极性很高	
	D9：我的参与对小区非常重要	
	D10：碰到问题，小区居民能够共同解决	

---

❶ DENG F, Spatial Pattern of Homeowners Associations in Urban China [EB/OL]. (2020 - 06 - 09) [2021 - 09 - 03]. https：//www.researchgate.net/publication/342053443_Spatial_Pattern_of_Homeowners_Associations_in_Urban_China.

❷ FU Q. Neighborhood conflicts in urban China：from consciousness of property rights to contentious actions [J]. Eurasian geography and economics, 2015, 56 (3), 285 – 307.

❸ CAI R, LI C X, HE S J. Consciousness on property rights, homeowner associations and neighborhood governance：Evidence from Shanghai [J]. Cities, 2021 (119).

❹ 中国综合社会调查. 中国综合社会调查问卷 [EB/OL]. (2021 - 09 - 01) [2021 - 09 - 01]. http：//cgss.ruc.edu.cn/xmwd/dcwj.htm.

❺ 方亚琴，夏建中. 社区治理中的社会资本培育 [J]. 中国社会科学, 2019 (7)：64 - 84.

5.2.3 测量结果

利用个体自治意识的测量表，求得了 715 名受访者的自治意识得分。如表 5-3 所示，受访者自治意识得分中位数为 111.0，超过量表最大值的一半。这说明受访者自治意识水平总体并不低。利用 SPSS24.0 软件对自治意识变量进行正态性检验。结果显示如图 5-1 所示，该变量值服从正态分布（P 值 =0.316>0.05）。以上结果说明自治意识特别高和特别低的人都是少数，大部分受访者对小区治理有一定认识。

表 5-3 受访者自治意识得分情况

统计量名称	中位数	均值	最小值	最大值	标准差
自治意识	111.0	110.8	45	155	17.7

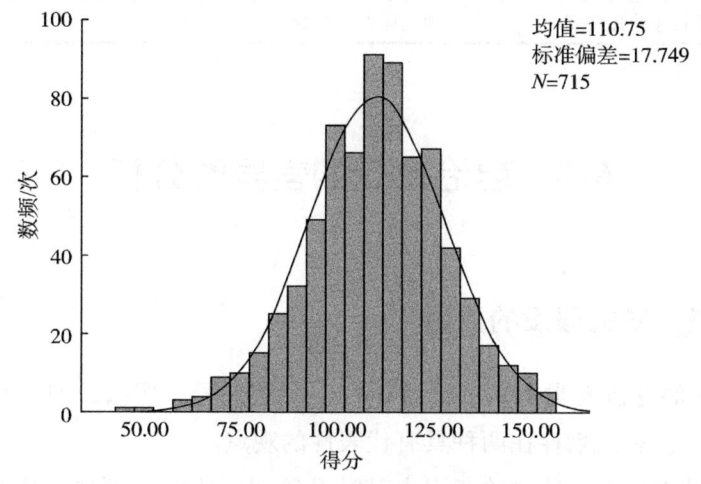

图 5-1 受访者自治意识得分直方图

将受访者的人口属性变量与"自治意识得分"做相关性分析。如表 5-4 显示，"户籍""政治面貌""月收入水平""教育水平""居住年限""是否成立业委会"与自治意识得分存在显著相关性。即本地户籍受访者和非本地户籍受访者的自治意识存在显著差异；共产党员/民主党派人士/共青团员与群众的自治意识存在显著差异；不同收入水平的受访者自治意识

存在显著差异；不同居住年限的受访者自治意识存在显著差异；所在小区成立业委会和所在小区没有成立业委会的受访者自治意识也存在显著差异。

表5-4 受访者人口属性变量与自治意识的相关性分析

变量名称	分析方法	与自治意识是否相关
性别	独立样本T检验	否
婚姻状况	独立样本T检验	否
户籍	独立样本T检验	是
年龄	Pearson相关性分析	否
居住身份	独立样本T检验	否
政治面貌	独立样本T检验	是
月收入水平	方差分析	是
教育水平	方差分析	是
居住年限	Pearson相关性分析	是
是否成立业委会	独立样本T检验	是
是否聘请物业管理公司	独立样本T检验	否

5.3 自治意识的差异性分析

5.3.1 研究假设的提出

5.2.3的分析表明个体自治意识存在显著差异。那么，如何解释这种差异性呢？已有文献存在两种具有代表性的观点。

一种观点认为个体自治意识由其社会阶层所决定。例如，胡荣和刘艳梅认为业主处于中间阶层，其阶层认知处于萌芽状态，具有公民和公德意识，但意识形态总体是温和及保守的❶。陈映芳指出城市中产阶层和城市低收入群体在权利意识方面存在明显的不同，中产阶层拥有较好的收入条

---

❶ 胡荣，刘艳梅. 中间阶层在公共领域中的维权行为——厦门市U小区公摊纠纷个案分析[J]. 中共福建省委党校学报，2006 (8)：41-44.

件、职业声望、权力地位，因而具有相应的阶层意识。❶ 陈鹏提出我国中产阶层的壮大开始于市场化改革，业主群体凭借房产成为中产阶层的一员，在日常生活的维权斗争中，业主群体形成了群体认同意识，由"经济的消费者"转变为"政治的行动者"。❷ 熊易寒的案例分析指出乡城移民群体里中产阶层和低收入群体对公共服务的需求和表达存在差异。❸ 朱光喜将业主群体视为有房阶级，认为居住利益受损激活了他们的权利意识。❹ 郭于华和沈原认为业主维权运动有助于培育中产阶层群体意识❺。这些研究都隐含一种预设即意识与阶层具有某种关联性。

另一种观点认为个体自治意识并不完全由其社会阶层所决定，而是个体在行动中不断建构的结果。关宏宇等基于制度经济学理论指出业主的认知状态受到转型期小区管理制度的影响，业主对权利、责任和义务的认知，具有场景依赖的特点。❻ 管兵的案例研究揭示了民主意识在维权实践中增长的过程❼；孙小逸和黄荣贵的研究也表明行动者的权利认知在维权实践中发生着动态改变，经历着认知解放的过程；初期行动者只是模糊地意识到不公正，在后续维权实践中行动者逐渐形成对问题的诊断和归因，从而更新了对维权议题的认知❽。陈晓运的案例研究展示了业主认知经历了"从法权意识"到"依法自治"的过程，而意识的改变又反过来引导业

---

❶ 陈映芳. 行动力与制度限制：都市运动中的中产阶层 [J]. 社会学研究，2006 (4)：1-20，242.

❷ 陈鹏. 当代中国城市业主的法权抗争——关于业主维权活动的一个分析框架 [J]. 社会学研究，2010，25 (1)：34-63，243-244.

❸ 熊易寒. 从业主福利到公民权利——一个中产阶层移民社区的政治参与 [J]. 社会学研究，2012，27 (6)：77-100，243.

❹ 朱光喜. 我国"住房阶级"维权研究：2001—2010——一个关于业主维权的文献综述 [J]. 甘肃行政学院学报，2010 (6)：68-80，121-122.

❺ 郭于华，沈原. 居住的政治——B 市业主维权与社区建设的实证研究 [J]. 开放时代，2012 (2)：83-101.

❻ 关宏宇，朱宪辰，章平，等. 共享资源治理制度转型中个体规则认同与策略预期调整——基于南京住宅小区老旧电梯更新调查研究 [J]. 管理评论，2015，27 (8)：13-22.

❼ 管兵. 维权行动与社区民主意识：以 B 市商品房业主为例 [J]. 学海，2016 (5)：86-91.

❽ 孙小逸，黄荣贵. 维权情境中的自发性认知解放以业主积极分子的权利意识的演进为例 [J]. 社会，2016，36 (3)：140-166.

主的治理。❶

综合以上两种观点,本书提出以下两个研究假设。假设一:个体自治意识受到其所在阶层的影响;假设二:个体自治意识还受到其所在小区的管理治理的影响。

5.3.2 研究假设的验证

由于因变量自治意识得分是连续型变量,故采用多元线性回归来验证前文中提出的研究假设。这里将自变量分为三个类别。一是阶层型变量,主要是为了探究个体所处的社会阶层会否影响其自治意识。参与成本选择收入水平、教育水平、居住身份、政治面貌和户籍状况等变量。二是建构型变量,主要探讨治理模式会否改变个体的自治意识。选择"是否成立业委会"和"是否聘请物业管理公司"两个变量。三是人口属性变量,主要起到控制作用,选择年龄、性别、婚姻状况和居住年限等。

利用SPSS24.0软件中的线性回归模块展开分析,得到如下结果。整体来看,参与分析的受访者样本个数为594,R^2为0.273,F值为4.247,P值为0.000。这说明因变量和自变量的组合之间存在显著的线性关系,自变量的组合能够解释因变量变化的27.3%。所有变量的VIF值都小于10,这说明回归结果受自变量共线性的影响可以忽略。对保存的标准残差进行K-S正态检验,$P=0.286$,可以认为标准残差符合正态分布。计算Dubin-Watson值等于2.1,说明残差序列不存在自相关线性。以标准化预测值为X轴,标准化残差为Y轴,绘制散点图,发现残差方差不随因变量的变化而变化,可以认为不存在异方差现象。总的来说,回归方程满足了假设前提条件,回归方程参数的估计是有效的。

具体来看,如表5-5所示,阶层型变量中,教育水平和政治面貌通过了检验,P值都小于0.05,这说明个体自治意识与教育水平、政治面貌存在显著的正相关关系。令人意外的是,居住身份并没有通过检验,即业主

---

❶ 陈晓运. 法权行动主义与小区自主治理——基于G市Q小区案例的考察 [J]. 社会学评论,2021,9(6):65-82.

并不比非业主具有更强的自治意识。建构型变量中,"是否成立业委会"和"是否聘请物业管理公司"两个变量都通过了检验,P 值都小于 0.05。回归系数表明,个体自治意识与小区是否成立业委会存在显著的正相关关系,而个体自治意识与小区是否聘期物业管理公司存在显著的负相关关系。控制变量中,性别、年龄和婚姻状况没有通过检验,说明这些控制变量与自治意识不存在显著的相关关系。

表 5-5 自治意识的回归分析结果

变量类型	项目	非标准化系数	标准误差	标准系数	T 值	P 值
阶层型变量	月收入水平	-0.151	0.847	-0.008	-0.178	0.859
	教育水平	2.787	0.693	0.198	4.023	0.000
	居住身份	-0.755	1.884	-0.021	-0.401	0.689
	政治面貌	6.048	2.491	0.123	2.428	0.015
	户籍状况	1.238	1.738	0.033	0.712	0.477
建构型变量	居住年限	0.073	0.125	0.027	0.585	0.558
	是否成立业委会	3.631	1.605	0.098	2.262	0.024
	是否聘请物业管理公司	-3.935	1.973	-0.088	-1.995	0.047
控制变量	性别	1.780	1.478	0.050	1.204	0.229
	年龄	0.085	0.073	0.061	1.157	0.248
	婚姻状况	-1.851	2.243	-0.041	-0.826	0.409
	居住年限	0.073	0.125	0.027	0.585	0.558
	常量	93.739	5.089	—	18.419	0.000

5.3.3 小结

本节试图解释个体自治意识存在差异的原因,并对现有的两种竞争性观点进行了论证。主要结论如下:一是"阶层观"和"建构观"都有其可取之处,但都不能完全解释个体自治意识的变异性。二是不能单纯以收入水平、居住身份、户籍状况、居住年限等指标来标签化个体的自治意识状态。例如,不能认为高档小区居民的自治意识就一定比老旧小区居民的自治意识高;商品房小区居民的自治意识就一定比公租房小区居民的自治意识高；业主的自治意识就一定比租客强。三是社区治理的实务者可以通过创设实践活动来提升居民的自治意识。

当前，一些地方政府尝试通过在小区治理中创设公共议题来培养居民的自治意识。例如，上海市通过打造社区花园项目，进而链接社区自治组织，实现小区居民的共建共治共享；武汉市实施了党建引领基层治理"深根工程"，通过党建将治理末梢延伸至小区楼栋；南宁市城市更新和物业管理指导中心在老旧小区改造中利用"老友议事会""老友花园"等项目引导居民参与小区治理，改善公共环境。这些公共活动提升了居民对小区治理的关注度，培养了他们的协商民主意识，值得借鉴和推广。

第 6 章　居民参与小区治理

居民的积极参与是小区善治的基础。本章围绕小区治理中的居民参与问题而展开，主要回答以下三个研究问题。一是小区治理中的居民参与具有怎样的特点？二是小区治理中居民参与的现状究竟如何？三是小区治理中居民参与行为受到哪些因素的影响？

6.1　居民参与概述

6.1.1　居民参与的概念

小区居民是指居住在小区中的人，主要包括业主、与业主同住的家人及租户等。参与是个体将自身的时间、金钱、情感、精力等有形和无形的资源投入到活动中的过程。小区治理中的居民参与是指小区居民参与小区治理活动的过程。小区治理中，居民参与主要有以下四种形式。一是娱乐性参与，即居民参与到具有休闲、娱乐、消遣和交友性质的小区文娱活动中；二是消费性参与，即居民付费参与到小区物业服务的集体消费中，如，购买清洁服务、保安服务、维修服务等；三是决策性参与，即居民参与小区的重大事项决策活动，如成立业主大会和业委会、聘请物业服务企业、小区更新改造等；四是维权性参与，即居民在感知利益受损后参与维权行动，如向开发商维权、反对邻避设施建设等。

小区治理中，居民参与能够发挥积极的作用。首先，居民参与可以增进居民间的相互了解，进而形成邻里网络和邻里资本，降低居民搭便车的可能性，缓解小区治理的集体行动困境。❶ 其次，居民参与能显化他们对物业服务的偏好；这方便小区管理者通过供给物业服务回应这些偏好，从而营造健康安全宜居舒适的居住环境。❷ 再次，居民参与能提升居民的主体意识，增强居民对小区居住空间的认同感和获得感，培育居民的公共精神。❸ 最后，参与能帮助居民积累民主实践经验，这为他们跨越小区边界参与社区治理乃至城市治理活动提供支撑。❹ 诚然，居民参与也存在消极作用。例如，老旧小区改造中，居民的恶意参与、非理性参与、消极抗争会增加治理的成本，拖慢改造进度，甚至引发反公地悲剧。因此，小区治理中的居民参与需要正确引导。

6.1.2 居民参与的影响因素

虽然国内外学者一致认为居民参与对小区治理至关重要，但在具体研究中，学者们主要关注消费性参与、决策性参与和抗争性参与这三种类型。

就消费性参与和决策性参与来看，已有研究主要借助自主治理理论和社会资本理论对其影响因素展开分析。自主治理理论主要采用理性选择范式，认为个体参与小区治理活动是个体理性决策的结果。一些学者基于理性经济人的假设指出居民参与需权衡利弊，综合考虑小区公共品的价值、参与集体行动的价值、集体行动能力、参与收益和参与成本。❺ 对于居民参与中可能出现的"搭便车"行为，理性选择范式提出采用选择性激励措

---

❶ 方亚琴，夏建中. 社区治理中的社会资本培育 [J]. 中国社会科学，2019 (7)：64 - 84.
❷ 李德智，谷甜甜，朱诗尧. 老旧小区改造中居民参与治理的意愿及其影响因素研究——以南京市为例 [J]. 现代城市研究，2020 (2)：19 - 25，41.
❸ 杨敏. 作为国家治理单元的社区——对城市社区建设运动过程中居民社区参与和社区认知的个案研究 [J]. 社会学研究，2007 (4)：137 - 164，245；桂勇. 略论城市基层民主发展的可能及其实现途径——以上海市为例 [J]. 华中科技大学学报（社会科学版），2001 (1)：24 - 27.
❹ WANG F, YIN H, ZHOU Z R. The adoption of bottom-up governance in China's homeowner associations [J]. Management and organization review, 2012, 8 (3)：559 - 583.
❺ YAU Y. Perceived efficacies and collectivism in multi-owned housing management [J]. Habitat international, 2014 (43)：133 - 141.

施来克服。社会资本理论为选择性激励措施的供给提供了一个思路。社会资本是一个内涵非常丰富的概念，但主要包括互助、信任、准则规范及关系网络。❶ 一些实证研究表明这些因素能促进居民参与。例如，博·本特松（Bo Bengtsson）的研究指出影响居民参与的重要因素是邻里信任。❷ 布莱恩·康威（Brain Conway）和大卫·哈臣（David Hachen）指出社会网络是居民获知参与信息的重要渠道。❸ 邱勇的研究发现社区归属感、社区规范是居民参与的重要原因。❹ 陈建国发现居民参与意愿与他们对业委会的熟悉程度和信任程度存在正向关系。❺

除了个体层面的因素，学者们指出居民的消费性参与和决策性参与还受到结构性因素的影响。这些结构性因素包括建筑特征、群体特征和治理制度三个类别。❻ 建筑特征是指小区的封闭程度、附属公共设施的多寡、建成年限、区位等特征；群体特征是指小区居民的群体规模、异质性、拥有资源等；治理制度是指小区类型、治理主体、管理规约等。❼ 在经验研究上，国外学者重点探讨了不同建筑环境下的居民参与，如封闭小区与开放小区、高密度多层住宅与低密度独户住宅。国内学者主要讨论了不同产权属性小区的居民参与，如新型商品房小区、传统单位小区、安置房小区、保障性住房小区等。例如，谬青的实证研究指出商品房小区居民参与

---

❶ 方亚琴，夏建中. 社区治理中的社会资本培育［J］. 中国社会科学, 2019（7）: 64 – 84.

❷ BENGTSSON B. Solving the tenants´dilemma: Collective action and norms of co-operation in housing［J］. Housing, theory and society, 2001, 17（4）: 175 – 187.

❸ CONWAY B P, HACHEN D S. Attachments, grievances, resources, and efficacy: The determinants of tenant association participation among public housing tenants［J］. Journal of urban afairs, 2005, 27（1）: 25 – 52.

❹ YAU Y. Norms sense of community and neighborhood collectivism in a high-rise setting［J］. RevistaiNVI, 2012, 27（76）: 17 – 72.

❺ 陈建国. 城市社区治理参与状况及其影响因素——基于北京市问卷调查的实证分析［J］. 天津行政学院学报, 2017, 19（1）: 11 – 18.

❻ GAO W. An empirical study of co-ownership building management: A collective action perspective［D］. Hong Kong: University of Hong Kong, 2013.

❼ 张金娟. 住区业主集体行动的困境及其解决方案——关于业主集体行动的文献综述［J］. 城市问题, 2017（4）: 4 – 12

公共事务的意愿最高❶；张红霞的比较研究发现商品房小区居民对民主选举活动积极性比传统小区居民高❷；黄荣贵的量化分析指出与租赁者和公房居住者相比，自有产权者虽然对公共事务比较感兴趣，但并不愿意以组织者、领导者的身份解决小区的公共事务❸。

就维权性参与来看，已有研究主要借助冲突理论和社会运动理论展开分析。冲突理论由国外学者提出，它吸收了马克思、韦伯和齐美尔的思想，在批判和修正结构功能主义的基础上，探讨了社会冲突的本质和根源。❹ 20世纪60年代，欧美，冲突理论采用经济学的解释路径，强调集体行动是阶层或阶级矛盾的产物，把冲突看作是人们对经济状况和社会结构的不满。20世纪六七十年代，社会运动理论蓬勃发展起来。第一代社会运动理论立足于心理学，关注非理性的情感因素对集体行动的影响，强调不满情绪、剥夺感、怨恨心理对参与者的推动作用；第二代社会运动理论引入了经济学的理性选择视角，强调利益理性选择、组织和资源及政治机会对参与者的影响；第三代社会运动在反思的基础上，采用文化建构的视角，强调文化、认同感、话语和意识形态在集体行动中的作用。❺

国内学者借鉴冲突理论和社会运动理论解释小区治理中的居民的维权性参与行为。朱光喜从住房阶级的角度看待小区治理中居民的维权性参与行为，归纳整理了相关文献，梳理出"纠纷说""利益说""权利说"等解释性观点。❻ 吴晓林等指出国内学界对小区冲突产生的根源形成了利益多元论、权利觉醒论、管理滞后论、社会转型论四种观点。陈鹏认为既有

---

❶ 缪青.公民参与：自下而上的治理和制度化的趋势［J］.北京规划建设，2005（6）：10-12.

❷ 张红霞.不同居住区居民社区参与的差异性比较——对上海两个社区居民参与情况的调查［J］.社会，2004（5）：54-56.

❸ 黄荣贵.从参与到维权——业主行动的变迁与行动策略［M］.上海：上海社会科学院出版社，2014.

❹ 魏万青.情感、理性、阶层身份：多重机制下的集体行动参与——基于CGSS2006数据的实证研究［J］.社会学评论，2015，3（3）：82-96.

❺ 朱志玲.结构、怨恨和话语：无直接利益冲突的宏观条件形成机制研究——基于斯梅尔塞加值理论的思考［J］.中南大学学报（社会科学版），2013，19（3）：91-97.

❻ 朱光喜.我国"住房阶级"维权研究：2001—2010——一个关于业主维权的文献综述［J］.甘肃行政学院学报，2010（6）：68-80，121-122.

研究在中国民众抗议活动中形成了"权利模式""阶级模式""规则模式"三种解释性框架,但业主维权具有"依法维权"和"以法维权"的特征,更表现出促"立法"来维权的倾向,因而提出了"法权抗争"的分析范式。❶ 孙小逸和黄荣贵指出既有研究多采用政治机会结构和资源动员理论来解释我国业主维权,但这两种理论没有充分考虑行动者的主观认知,因而提出了框架化与认知解放的视角补充研究的不足。❷ 盛智明梳理了影响业主维权行动的因素,重点考查了组织动员、行动策略和机会结构的影响。❸

6.1.3 可行的研究方向

现有关于小区治理中居民参与的研究成果颇丰。但这些研究仍然存在一些比较明显的不足。一是绝大多数研究都是规范性研究,强调居民参与的重要性及其可能的意义,其研究结论可操作性不足,对现实的指导意义有限;二是现有研究尤其是国内研究,大多采用逻辑推演和案例分析的研究方法,缺乏对居民参与行为的定量分析;三是既有研究受转型视角的影响,重点关注居民的抗争性参与,忽视居民的消费性参与和决策性参与行为。随着小区管理实践由维权逐步走向治理,后两种类型的参与行为将更为重要。因此,今后的研究要采用实证主义的研究范式,重点关注日常小区治理活动中的居民参与行为。

6.2 小区治理中的居民参与现状

如前所述,小区治理中居民参与的行为可以分为娱乐性参与行为、

---

❶ 陈鹏. 当代中国城市业主的法权抗争——关于业主维权活动的一个分析框架[J]. 社会学研究, 2010, 25(1): 34-63, 243-244.
❷ 孙小逸, 黄荣贵. 维权情境中的自发性认知解放以业主积极分子的权利意识的演进为例[J]. 社会, 2016, 36(3): 140-166.
❸ 盛智明. 组织动员、行动策略与机会结构业主集体行动结果的影响因素分析[J]. 社会, 2016, 36(3): 110-139.

消费性参与行为、决策性参与行为和维权性参与行为四种类型。但研究和实践重点关注后三种类型的参与行为。本节通过分析三项不同来源的调查数据，分别刻画这三种类型的居民参与现状，为政策设计厘清基本事实。

6.2.1 决策性参与现状

本节所使用的数据来源于2020年2月15日—2020年2月28日笔者在南宁做的一项网络问卷调查。这次调查采用滚雪球抽样方法，由笔者发起，邀请亲友转发至他们的业主微信群或QQ群。受访者需借助手机或电脑登录调查问卷所在的网页，在线填写一份调查问卷。调查问卷的第一部分是受访者的人口属性信息；第二部分是受访者对业主组织的看法；第三部分是受访者参与业主组织相关活动的意愿。第三部分包含五个问题：①您是否愿意竞选业委会成员；②您是否愿意做志愿者参与业主大会的筹备工作；③您是否愿意在第一次业主大会上投票；④您是否愿意参加业主大会/业委会的定期会议；⑤您是否愿意监督业主大会/业委会的运作。受访者可以用数字1~5来表明他们的意愿强度。其中1表示非常不愿意；2表示比较不愿意；3表示说不上愿意不愿意；4表示比较愿意；5表示非常愿意。

这次网络问卷调查共计邀请了249名受访者参加。受访者的基本特点如表6-1所示，68.8%的受访者是业主；59.2%的受访者是女性；77.2%的受访者已婚；82.4%的受访者年龄在26~45岁；92.8%的受访者拥有本科学历；41.2%的受访者月收入在4001~7000元。总的来说，受访者的教育水平和收入水平较高，属于中间阶层。就居住特征来看，59.0%的受访者居住在商品房小区；39.4%的受访者居住小区户数超过1000户；56.2%的受访者居住小区是在2011年以后建成的；17.7%的受访者所在小区成立了业主大会和业委会且已备案。

表6-1 决策性参与调查中受访者的基本信息

特征	类别	百分比/%
性别	男	40.8
	女	59.2
婚姻状况	已婚	77.2
	未婚	22.8
受教育程度	小学及以下	0.4
	初中	2.0
	高中	4.8
	大学及以上	92.8
月收入水平	4000元及以下	20.4
	4001~7000元	41.2
	7001~10 000元	25.6
	10 001元及以上	12.8
年龄	25岁及以下	4.0
	26~45岁	82.4
	46~65岁	13.6
	65岁以上	0.0
政治面貌	党员	47.2
	共青团员	8.0
	民主党派人士	1.6
	群众	43.2
户籍状况	本地户籍	74.4
	外地户籍	25.6
居住身份	业主本人	68.8
	业主家属	25.6
	租户	5.2
	其他	0.4
小区类型	机关、事业单位小区	21.7
	普通商品房小区	59.0
	政策性住房	16.0
	高档商品房小区/别墅区	1.2
	其他	2.0

续表

特征	类别	百分比/%
小区户数	>=100	5.2
	101~500	26.5
	501~1000	28.9
	>1000	39.4
小区建筑年份	1980年前	2.8
	1981~1990年	2.0
	1991~2000年	6.8
	2001~2010年	32.1
	2011年以后	56.2
小区业主组织情况	没有成立业主大会/业委会	46.9
	正在筹备业主大会/业委会	12.5
	成立了业主大会/业委会但尚未备案	5.6
	成立了业主大会/业委会且已备案	17.7
	不清楚	17.3

受访者的参与意愿情况如表6-2所示。样本中，非常愿意竞选业委会成员的受访者占比为26.8%；非常愿意担任筹备组志愿者的受访者占比37.2%；非常愿意在第一次业主大会上投票的受访者占比71.2%；非常愿意参加业委会的定期会议的受访者占比49.2%；非常愿意监督业委会运作的受访者占比51.2%。总的来说，随着参与活动对参与者时间、精力、知识储备的要求越来越高，受访者的参与意愿呈现出下降趋势。特别地，即使在成立了业委会的小区，也仅有一半的受访者愿意参与业委会的日常管理和运作。

表6-2 决策性参与调查中受访者的参与意愿

活动	均值	意愿水平	百分比/%
竞选业委会成员	3.23	非常不愿意=1	12.8
		比较不愿意=2	15.2
		说不上愿意不愿意=3	30
		比较愿意=4	15.2
		非常愿意=5	26.8

续表

活动	均值	意愿水平	百分比/%
担任筹备组志愿者	3.75	非常不愿意=1	7.2
		比较不愿意=2	10.4
		说不上愿意不愿意=3	19.6
		比较愿意=4	25.6
		非常愿意=5	37.2
在第一次业主大会上投票	4.55	非常不愿意=1	0.4
		比较不愿意=2	2.8
		说不上愿意不愿意=3	9.6
		比较愿意=4	16.0
		非常愿意=5	71.2
参加业委会的定期会议	4.13	非常不愿意=1	2.0
		比较不愿意=2	5.2
		说不上愿意不愿意=3	19.2
		比较愿意=4	24.4
		非常愿意=5	49.2
监督业委会的运作	4.24	非常不愿意=1	1.6
		比较不愿意=2	1.6
		说不上愿意不愿意=3	18.8
		比较愿意=4	26.8
		非常愿意=5	51.2

6.2.2 消费性参与现状

本节所使用的数据来源于笔者所在的城市更新课题组在南宁市青秀区、西乡塘区和兴宁区开展的居民入户调查。这项调查于2021年上半年采取随机抽样的方法，在三个城区选取78个老旧小区，对5659户居民进行问卷调查，其目的是摸清老旧小区居民的改造意愿和治理参与意愿。调查问卷包含四个部分。第一部分是受访者居住小区的特征；第二部分是受访者的个人和家庭特征；第三部分是受访者对74个微改造项目的改造意愿；第四部分是受访者购买物业服务的意愿。

样本中，户数最少的小区是 8 户，户数最大的小区是 682 户；95%的小区建成于 2000 年前；绝大多数是单位房改房，少数是普通商品房；几乎所有的老旧小区都没有成立业委会。表 6-3 给出了受访者的基本特征：59.1%的受访者为男性；42.3%的受访者年龄为 46~60 岁；44.0%的受访者拥有本科学历；73.2%的受访者居住年限在 10 年以上；91.6%的受访者住房用途是自住。

表 6-3 消费性参与问卷调查中受访者的基本信息

特征	类别	百分比/%
性别	男	59.1
	女	40.9
年龄	30 岁以下	3.0
	31~45 岁	30.6
	46~60 岁	42.3
	61 岁以上	24.1
受教育程度	大专以下	20.6
	大专	27.2
	本科	44.0
	本科以上	8.1
家庭人口数	1~2 人	21.0
	3 人	43.3
	3 人以上	35.6
居住年限	0~5 年	14.5
	6~10 年	12.3
	10 年以上	73.2
住房用途	自住	91.6
	出租	8.4

注：针对每项特征，删除缺失值样本后，再进行统计。

样本中，86%的受访者希望改造后采取物业公司进驻服务的管理模式；12.6%的受访者希望改造后采取居民自治管理的模式；3.7%的受访者对改造后的管理模式没有明确表态。对于改造后愿意承担的小区专项维修资金标准，48.7%的受访者愿意缴纳 5 元/平方米；17.8%的受访者愿意缴纳 8 元/平方米；6.2%的受访者愿意缴纳 10 元/平方米；27.3%的受访者未给出明确的意向。对于改造后愿意承担的物业服务费，38.6%的受访者愿意缴纳 0.3~0.5 元/平方米/月；37.4%的受访者愿意缴纳 0.5~1 元/平方米/月；3.6%的受访者愿意缴纳 1~1.5 元/平方米/月；20.5%的受访者未给出明确的意向。以上数据显示，老旧小区居民的消费性参与意愿不强，付费意愿较低，绝大多数居民不愿意承担改造后的管理和维修责任。

6.2.3 维权性参与现状

本节所使用的数据来源于 2021 年 9 月—2022 年 1 月笔者在南宁市青秀区进行的住宅小区治理状况调查。这项调查的数据收集过程和样本情况已在 4.2 节中进行了详细描述，故此不再赘述。

为了描述小区治理中的居民维权性参与行为，调查问卷设置了如下三个问题。问题一，过去三年您参加过业主维权活动的次数是多少次？问题二，过去三年，您向政府部门表达自己对本小区治理看法的次数是多少次？问题三，过去三年，您在网络上发表自己对本小区治理看法的次数是多少次？每个问题都有四个选项，0 次、1~2 次、3~6 次、7 次以上。调查结果如表 6-4 所示。样本中，有 76.9%的受访者从未参加过业主维权活动；81.1%的受访者从未向政府部门表达自己对本小区治理的看法，80.6%的受访者从未在网络上发表自己对本小区治理的看法。

表 6-4 维权性参与问卷调查中的居民参与行为

题项	0 次	1~2 次	3~6 次	7 次
小区业主维权活动/%	76.9	18.9	3.4	0.8
向政府有关部门表达自己对本小区治理的看法/%	81.1	13.6	4.3	1.0
在网络上发表自己对本小区治理的看法/%	80.6	13.3	4.5	1.7

6.3 居民参与的差异性分析

6.2节用三项不同来源的数据刻画了小区治理中居民参与的情况。这三项数据共同揭示了小区治理中居民参与的水平总体较低。那么居民参与究竟受到什么因素的影响呢？为什么有些居民的参与意愿高，而另一些居民的参与意愿低呢？为了回答这两个问题，本节将进一步开展定量分析以揭示居民参与的差异性，所使用的数据来自于2021年9月—2022年1月笔者在南宁市青秀区进行的住宅小区治理状况调查。这项调查的数据收集过程和样本情况已在4.2节进行了详细描述，故此不再赘述。

6.3.1 模型构建

如果想要对居民参与行为进行综合分析，就必须构建一个能刻画不同类型参与行为的模型。共同利益模型（common interest model）恰好能满足这一要求。共同利益模型是解释个体参与集体行动的有效模型，被广泛应用于分析不同集体行动场景下的个体参与行为，如机构合作、大规模政治活动、环保抗争行动。❶ 在小区治理领域，邱勇用该模型分析了居民参与公寓大厦管理的行为；❷ 高伟用它探究了我国城市居民参与社区选举的现象。❸ 这些经验研究展示了共同利益模型的有效性。

共同利益模型基于理性选择研究范式。它认为行动者都是理性经济人；行动者在选择是否参加集体行动时会权衡利弊，比较参与收益和参与

---

❶ YAU Y. Perceived efficacies and collectivism in multi-owned housing management [J]. Habitat International, 2014（43）: 133-141.

❷ 同❶.

❸ GAO W. Promoting owner participation in management, in Multi-owned property: Rights, restrictions and responsibilities [M] // ALTMANN E, GABRIEL M. Multi-owned property in the Asia-Pacific Region: Rights, restrictions and responsibilities. London, Palgrave Macmillan, 2018: 251-267.

成本。❶ 不同于奥尔森的搭便车理论，共同利益模型认为并不是所有的行动者都默认自己的参与对集体行动来说是微不足道的；行动者对个体参与的价值存在着差异性的看法。此外，行动者也完全知晓集体行动的成功不仅依赖于个体参与也依赖于群体投入。总的来说，行动者的参与决策受到下列因素的影响。一是行动者对集体行动价值的感知；二是行动者对自身参与效能的判断；三是行动者对群体效能的判断；四是行动者的预期参与收益；五是行动者的预期参与成本。❷ 按照上述思路，行动者的参与决策过程可以用下面的式 6-1 来描述

$$\text{EVP} = (V \times P_i \times P_g) + B - C \qquad (6-1)$$

式 6-1 中，变量 EVP 为行动者的参与水平，变量 V 为行动者对集体行动价值的感知；变量 P_i 为行动者的自我效能判断；变量 P_g 为行动者群体效能的判断；变量 B 为行动者对预期参与收益的认知，变量 C 为行动者对预期参与成本的认知。当变量 EVP 为正时，行动者将参与行动，反之则不参与。参考邱勇的"三效能"理论❸，小区居民的集体行动通常由代理者组织进行（如物业管理公司、业委会），因此行动者对代理者效能的评价也应该纳入行动者的决策中。因此，式 6-1 可改写为式 6-2。

$$\text{EVP} = (V \times P_i \times P_g \times P_p) + B - C \qquad (6-2)$$

式 6-2 中变量的含义与式 6-1 基本相同，仅添加了变量 P_p 用以指代行动者对代理者效能的评价。

6.3.2 实证分析

式 6-2 描述了理论上抽象概念之间的关系，但要具体验证这些关系，还需将抽象的概念操作化为可以具体观察和测量的指标。表 6-5 给出了概

---

❶ FINKEL S E, MULLER E N, OPP K D. Personal influence, collective rationality and mass political action [J]. The American political science review, 1989, 83 (3): 885-903; LUBELL M, ZAHRN S, VEDLITZ Z. Collective action and citizen responses to global warming [J]. Political behavior, 2007, 29 (3): 391-413.

❷ YAU Y. Perceived efficacies and collectivism in multi-owned housing management [J]. Habitat international, 2014 (43): 133-141.

❸ 同❷。

念操作化的办法,并展示了量表信度检验的结果。如表6-5所示,量表的克朗巴赫系数皆在0.8以上,显示量表具有可以接受的信度,能够被用于后续的实证分析。

表6-5 共同利益模型中变量的测量方法

抽象概念	变量名称	测量方法	克朗巴赫系数
EVP	参与水平	将受访者在以下六个题项上的得分相加得到。即"过去三年您参加过多少次小区业主娱乐活动""过去三年您参加过多少次小区业委会会议""过去三年您参加过多少次业主大会会议""过去三年您参加过多少次业主维权活动""过去三年您向政府部门表达对本小区治理的看法有多少次""过去三年您在网络上表达对本小区治理的看法有多少次"	0.81
V	价值认知	将受访者在以下五个题项上的得分相加得到。即"您对本小区清洁服务的满意度是多少""您对本小区保安服务的满意度是多少""您对绿化养护服务的满意度是多少""您对公共设施维护的满意度是多少""您对居住环节的满意度是多少"	0.90
P_i	自我效能认知	受访者在题项"我的参与对小区非常重要"上的得分	不适用
P_g	群体效能认知	受访者在题项"碰到问题,小区居民能够共同解决"上的得分	不适用
P_p	代理者效能认知	将受访者在以下三个题项上的得分相加得到。即"小区业主组织的决策反映了绝大部分业主的诉求""小区业主组织的工作值得业主的信任""小区业主组织的工作得到了绝大部分业主的支持"	0.96
B	参与收益	将受访者在以下四个题项上的得分相加得到。即"我所在的小区,邻里之间的关系是和睦的""我所在的小区,有家的感觉""我很乐意向别人介绍我的小区""我为居住在本小区感到自豪"	0.87
C	参与成本	年龄、性别、月收入、教育水平来代替	不适用

对调查数据整理,得到了各变量的描述性统计值,见表6-6。如表6-6所示,参与水平的极大值是18.00,极小值是0.00;参与收益的极大值是20.00,极小值是4.00;价值认知的极大值是25.00,极小值是5.00。

受访者在"自我效能认知""群体效能认知"和"代理者效能认知"上的水平基本接近("代理者效能认知"含有三个题项下,如果将均值9.915除以3,得到3.305)。

表6-6 共同利益模型中变量的描述统计值

变量名称	极小值	极大值	均值	标准差
参与水平	0.00	18.00	2.22	2.98
价值认知	5.00	25.00	16.81	4.25
自我效能认知	1.00	5.00	3.37	1.02
群体效能认知	1.00	5.00	3.32	0.99
代理者效能认知	3.00	15.00	9.92	2.57
参与收益	4.00	20.00	14.42	3.18

由于因变量"参与水平"是加总受访者在各项活动中的参与情况,它类似于某种参与水平指数,因此将它看作是计数数据,首选泊松回归模型进行探索性分析。利用软件SPSS24.0中的泊松回归模块对式6-2进行了拟合,发现数据存在过于离散的情况,加之有42.0%的个案在"参与水平"变量上的值为0。故按照统计分析的惯常做法,放弃泊松回归模型,改选负二项回归模型对式6-2进行拟合,得到如下结果。

整体来看,负二项回归模型 LR chi2(9)的值为47.43;伪R方的值为0.027;Log likelihood 的值为-854.177。这三项数值说明放入了自变量的模型要比零模型更具解释力。过度离散检验的结果显示拒绝 alpha 等于0的假设。这说明用负二项回归模型来拟合式6-2的设定是可以接受的。具体来看,如表6-7所示,"价值认知""自我效能认知""群体效能认知""代理者效能认知"和"年龄"的回归系数都在0.1的水平上显著。这说明上述自变量与"参与水平"存在显著的相关关系。特别地,在其他变量不变的情况下,"价值认知""代理者效能认知"或"年龄"每增加一个单位,"参与水平"将提高接近一个百分点;在其他变量被控制的情况下,"自我效能认知"或"群体效能认知"每增加一个单位,"参与水平"将提高超过一个百分点。

表 6-7 共同利益模型的负二项回归分析结果

自变量名称	IRR	标准差	Z 值	P 值	95% 对应的置信区间
价值认知	0.963	0.019	-1.84	0.065	0.925, 1.002
自我效能认知	1.923	0.108	1.95	0.051	0.999, 1.423
群体效能认知	1.264	0.135	2.20	0.028	1.025, 1.557
代理者效能认知	1.107	0.036	3.11	0.002	1.038, 1.180
参与收益	0.956	0.035	-1.24	0.217	0.889, 1.027
性别	1.076	0.147	0.54	0.592	0.823, 1.405
年龄	1.017	0.005	3.09	0.002	1.006, 1.027
收入水平	1.104	0.088	1.24	0.216	0.943, 1.291
教育水平	1.076	0.068	1.15	0.252	0.949, 1.219

实证分析揭示居民的参与行为受到"价值认知""自我效能认知""群体效能认知""代理者效能认知""参与成本"的影响。但遗憾的是实证分析并没有找到有力的证据揭示"参与收益"对居民参与行为的影响。这可能是因为"参与收益"在概念操作化的过程中存在瑕疵的原因。如表 6-5 所述,"参与收益"是通过社区归属感来度量的。但"参与收益"还可能包括居民在参与中的获得感、幸福感、安全感和邻里社交网络等内容。由于调查问卷设计的缺陷,本次实证分析未能获取和使用这方面的数据,后续的研究可以改进这一缺陷。

6.3.3 小结

党的十八大以来,城乡社区治理上升为国家执政战略,打造共建共治共享的社区治理新格局成为各级党委和政府关注的重要工作内容。诚然,共建共治共享格局的形成有赖于居民对社区公共事务的积极参与。但长期以来,我国城市社区治理中居民参与呈现低水平的"弱参与"状态,表现为居民参与比例低,参与形式原子化和非制度化,参与动力以自利为主。"弱参与"问题直接导致了居民之间、居民与其他治理主体之间,难以达成共识与合作,也间接阻碍了共建共治共享格局的实现。

小区治理是社区治理的最小单元。在小区范围内打造共建共治共享的治理格局能够有效提升社区治理乃至城市基层社会治理的水平。同样地,小区治理也强依赖居民对小区范围内公共事务的积极参与。但本章的调查显示，小区治理中居民参与也呈现低水平的"弱参与"状态。针对"弱参与"问题，结合实证分析成果，本章给出如下建议。一是提升居民对小区治理价值的认知。在城市基层社会治理中倡导"宜居居住环境、美好家园"的生活理念。二是提升居民的自我效能认知。在城市基层社会治理中倡导"人人参与、人人尽力、人人享有"的精神。三是提升居民的群体效能认知。在小区治理中通过社区营造手段，培育社会资本，提倡邻里互帮互助，拓展邻里社会网络。四是规范业委会的运作。通过一系列制度建设，加强对业委会日常运作的指导和监督，提升业委会的内部治理绩效。五是显化居民的参与收益。开展美好居住小区评比活动，积极探索小区公共收益增值空间。六是降低居民的参与成本。加快推进网络投票降低居民参与的成本，积极开展民主协商议事教育，推动居民高效决策。

第7章 结 语

小区是城市居民生活的主要空间。小区治理不仅关乎居民的生活品质，还关乎城市安全运行和社会稳定，因而是城市基层社会治理的重要内容。本章在简要回顾前面章节研究发现的基础上，有针对性地给出了提升小区治理水平的对策建议。

7.1 研究结论

住房制度改革以来，我国城市住房管理模式由计划经济时期的政府负责制向市场经济体制下的专业化、社会化的物业管理转型。❶ 在此过程中，小区住房管理虽得到了长足的发展，但也遭遇了国家退出和市场失灵的双重困境。为了破解该困境，学者们主张超越单一的"国有化"和"市场化"的解决方案，将治理理念引入小区住房管理中，通过倡导以业主自主治理为主，多方协作为辅的治理模式，营造良好的居住环境，满足人民群众不断增长的美好居住向往。❷

作为一种新型的住房管理方式，小区治理是各利益主体通力合作对小区公共事物和公共事务进行治理的过程。理论上，在小区公共事物边界清晰、内部人际信任水平高、群体治理偏好类似、冲突解决机制健全、决策

---

❶ 朱新贵. 城市住宅物业管理的概念嬗变与路径选择 [J]. 城市问题, 2021（7）: 83-90; 陈幽泓. "业主当家做主"对物业管理模式改革的启示 [J]. 社区, 2007（8）: 8.

❷ 肖林. 业主社区的兴起及其自主治理 [J]. 中国治理评论, 2013（2）: 42-64.

第7章 结 语

自治权完善的条件下，业主能够自组织起来，对小区进行有效治理，避免"公地悲剧"和"反公地悲剧"的发生，实现整体居住利益的最大化。但实践中，由于小区公共事物产权归属模糊、居民人际关系淡漠、社会公共性不足、冲突解决机制低效等原因，业主自组织治理常常陷入困境。这表现为业委会成立难、运作难、不作为、乱作为；❶ 大量老旧小区长期缺乏管理，需要政府补位，重建小区秩序。

针对业主自组织治理的困境，实务界开出了扩大专业化物业管理覆盖面、强化物业管理行业监管、将小区物业管理纳入社区治理范畴的药方。该药方虽能在一定程度上去缓解小区治理难题，但未能触及小区治理的深层次问题。笔者认为当下应该在继续坚持业主自主治理的前提下，充分理解与小区治理有关的基本问题。现有小区治理的研究数量虽多，但仍然存在一些不足。一部分文献关注业主治理权的确立，采用"维权－抗争"的分析路径，预设业主行为是"外部社会控制结构所导致抗拒性认同"的结果，该路径不符合当前共建共治共享的社会治理大前提；❷ 另一部分文献将小区善治寄托于法律制度的完善、国家权利的让渡和物业管理行业的监管，忽略了业主作为个体的主观能动性。换句话说已有研究没有很好地回答以下三个基本问题。问题一：如何判断小区治理是否处于良好的运行状态？问题二：为什么一些小区治理比较成功而另一些小区则陷入困境？问题三：小区治理中居民参与的状况如何？哪些因素影响了居民的参与水平？

对于问题一，本书认为小区善治就是各利益相关方成功管理小区公共事物和处理小区公共事务的过程，其中业主自治是小区善治的重要机制。基于以上观点，本书构建了一个小区治理绩效评价体系。该评价体系认为治理绩效包含外部绩效和内部绩效两个方面。其中外部绩效主要是指小区

---

❶ 杨君，郭琴，卢恋. 让小区治理运转起来：基于全景化及实践性的视角分析 [M]. 广州：暨南大学出版社，2018：13.

❷ 王德福. 业主自治中积极分子的激励困境及其超越 [J]. 暨南学报（哲学社会科学版），2021，43（7）：77-86；夏巾帼，郭忠华. 城市商品房小区自治困境的根源——基于小区公共事务性质的分析 [J]. 浙江学刊，2019（5）：165-171.

治理的客观结果，它包括治理结构和治理效果两个部分的内容；前者考察业主自主治理的实现程度及业主组织与其他治理主体之间的关系；后者是重点关注建筑设施、环境卫生、出入管理、车辆管理、治安安全五个方面的管理成效。内部绩效主要是指业委会的内部治理效能，包括合法性、决策权力、制度建设、公开透明四个方面的内容。利用该评价体系，本书对南宁市64个小区开展了实地调查。调查发现小区外部治理绩效的短板主要在出入管理和车辆管理两个方面；而内部绩效的短板主要在制度建设和公开透明两个方面。

  对于问题二，本书认为小区治理的好坏受到众多因素的影响，但主要包括建成环境、治理模式和业主素质。一是建成环境。定量分析的结果发现。①建筑年份能够显著地负向影响小区治理绩效。越是老旧的小区，小区治理绩效越差，业主自主治理的难度越大，越需要政府补位维持、重建治理秩序。②小区类型与小区治理绩效具有强相关关系。与商品房小区相比，单位小区的治理绩效更差。③住户数、物业费和住房均价与小区治理绩效并不存在显著关系。二是治理模式。定量分析的结果指出小区治理模式能够显著地影响居民对小区治理的满意度。具体来看，"业委会+物业服务企业"的模式、业主自管模式要优于物业服务企业负责制和居委会代管模式。三是业主素质。本书认为自治意识是小区业主自主治理的重要基础。在此前提假设下，本书构建了测量业主自治意识的量表工具，比较了"阶层理论"和"建构理论"两种竞争性理论在解释业主自治意识上的强弱，为政策制定和政策实践提供了可操作性的工具及建议。

  对于问题三，本书提出小区治理中居民参与存在娱乐性参与、消费性参与、维权性参与和决策性参与四种类别。利用三项不同来源的调查数据，本书揭示了小区治理中居民参与呈现"弱参与"水平状态的基本事实。基于共同利益模型，本书还讨论了认知和心理因素对居民参与行为的影响，证实了自我效能认知、群体效能认知和代理者效能认知是影响居民参与行为的决定性因素。

7.2 对策建议

小区治理并不是一件容易的事情,它考验着人们的智慧。针对小区治理难题,结合研究发现,本书给出如下对策建议。

第一,坚持业主自主治理原则,引导业主与各相关利益方一道,友好协作管理小区。在小区范围内,打造共建共治共享的治理格局;建立健全自治、法治、德治的治理体系;构建"人人有责、人人尽责、人人享有"的治理共同体。

要贯彻坚持业主自主治理原则,需要城市政府落实中共中央在《关于加强和完善城乡社区治理的意见》文件中的精神,承认业主大会和业委会是经济、社会生活中的合法主体,加快推动小区成立业主大会和业委会开展自主治理活动。当前,一些地方政府开始着手推进小区成立业主大会和委员。例如北京就出台了《关于加强北京市物业管理工作提升物业服务水平三年行动计划(2020—2022)》,提出要完善小区基础数据库、加大"北京业主"App 的应用力度方便业主电子投票、健全市各级监督管理工作体制、着力提高业委会(物管会)组建率,实现 2022 年 90% 以上的业委会组建率。其他城市也可效仿北京的做法,积极推动小区以组织化的形式开展自主治理实践。

要贯彻坚持业主自主治理原则,还需城市政府贯彻落实物业管理的法律法规政策,保障业主聘请物业服务企业的自由选择权。《物业管理条例》第三章第二十六条规定:"前期物业服务合同可以约定期限;但是期限未满、业主委员会与物业服务企业签订的物业服务合同生效的,前期物业服务合同终止。"一些城市政府已探索出台相应的规则细化上述规定。例如深圳就出台了《深圳经济特区物业管理条例》。第四章第四十九条规定:"前期物业服务合同最长期限不超过两年,前期物业服务合同期满,尚未成立业主大会,物业服务企业继续按照原合同提供服务的,经物业管理区域占业主总人数百分之五十以上的业主或者占全体业主所持投票权数百分之五十以上的业主联名书面提出更换物业服务企业的,可以由街道办事处通过招投标方式选取物业服务企业提供物业服务。"第四章第五十五条规定:"前期物业服务合同期满后,业主共同决定更换物业服务企业的,提供前期物业服务的企业应当在业主委员会要求或者业主共同决定的合理期限内退出物业管理区域,并配合选聘的物业服务企业接管。"各地可以效仿深圳的做法,出台地方性的配套措施,保障业主在物业服务企业选择上的自主权。

要贯彻坚持业主自主治理原则,还需要城市政府保障业主在公共资金上的自主权。《物业管理条例》第五十三条规定,"专项维修资金属于业主所有,专项用于物业保修期满后物业共用部位、共用设施设备的维修和更新、改造,不得挪作他用。"第五十四条规定,"利用物业共用部位、共用设施设备进行经营的,应当在征得相关业主、业主大会、物业服务企业的同意后,按照规定办理有关手续。业主所得收益应当主要用于补充专项维修资金,也可以按照业主大会的决定使用。"当前,一些城市政府正积极改革专项维修资金的管理。例如,深圳市出台了《深圳市物业专项维修资金管理规定》。该文件明确维修资金包括首期归集和日常收取两种方式;资金使用分为专项使用、日常使用和应急使用三种情形;业主大会具有自行管理日常维修资金的权力;明确了数据共享银行在依申请拨付资金前,对业主大会决议证明文件和相关公示情况形式审查的义务。其他城市可以效仿深圳的做法,通过细化运作规范,保障业主在公共资金上的话语权和决策权。

要贯彻坚持业主自主治理原则,还需城市政府厘清街道、社区与小区管理的边界,防止公权力过度介入小区治理。这方面可以参考深圳的做法。2021 年,深圳将业委会成立比例和满意度纳入街道、社区的绩效考核办法,加强对业主大会和业主委员会的扶持。❶ 2022 年 2 月,深圳市发布了《深圳市社区居委会代行住宅区业主委员会职责管理办法(试行)(征

---

❶ 深圳特区报.深圳召开业主大会和业委会指导规则听证会,代表多项建议获采纳[EB/OL].(2021-06-19)[2022-04-29]. https://baijiahao.baidu.com/s? id=1702960356773204692&wfr=spider&for=pc.

求意见稿)》，提出"居委会代行业委会职责遵循非必要不代行以及精简高效、集体决策、信息公开、专业服务、勤勉尽责的原则"，规定了居委会代行业委会职责的范围、程序和期限。

要贯彻坚持业主自主治理原则，还需城市政府保障业主对小区治理的知情权和参与权。2020年，住房和城乡建设部等部门联合印发了《关于加强和改进住宅物业管理工作的通知》。就通知要求业委会"每年向业主公布业主共有部分经营与收益、维修资金使用、经费开支等信息，保障业主的知情权和监督权"。通知还要求物业服务企业"应当在街道指导监督下，在物业服务区域显著位置设立物业服务信息监督公示栏，如实公布并及时更新物业服务的相关情况"。城市政府需落实该文件精神，加强对物业服务企业和业委会运作规范的监管，保障业主在小区治理中的知情权和参与权。

第二，城市政府需加强对业委会的指导和监管，提高居民对业委会的信任。近年来，各地关于业委会成立难、运作难、不作为、乱作为的报道频频见诸媒体。中国裁判文书网上涉及业委会的诉讼案件呈现快速增长的势头。一些研究表明运作良好的业主委员会大多依靠强人和能人，存在后继乏力的问题❶；在制度建设落后的情况下，业主委员会可能演变成少数人敛财和侵吞小区公共利益的工具❷。本书的调研发现高达35.2%的受访者认为小区治理主体不包括业委会。2017年，中共中央、国务院出台的《关于加强和完善城乡社区治理的意见》提出要敦促业委会履行职责，探索业委会的职能，依法保护业主的合法权益。2021年住房和城乡建设部等部门联合发布了《关于加强和改进住宅物业管理工作的通知》，提出健全业委会治理结构。这两项政策的出台展示了国家加强小区治理的决心。城市政府需落实中央政策，出台规范业委会运作的配套文件。这方面可以参考上海市的做法，制定《业主大会议事规章》《管理规约》《专项维修资金管理

---

❶ 盛智明. 城市社区治理中的"强人政治"与公共性困境 [J]. 河北学刊, 2016, 36 (6): 160-164; 郭圣莉, 吴海红, 刘永亮. 业主集体行动视角下的社区强人治理——基于业主委员会的多案例研究 [J]. 上海行政学院学报, 2017, 18 (6): 19-30.

❷ 李银鑫. 业主委员会差异化的组织面相 [D]. 武汉: 华中师范大学, 2020.

规约》等示范文本；编印《业委会工作指导手册》《业主大会运作实务指引》；印发《住宅物业管理区域物业服务收费酬金制办法》；为业委会运作规范化、制度化提供了保障。❶

第三，应加强宣传教育，使业主熟悉小区治理的相关制度。研究表明制度能够改变人们集体行动的激励和约束条件，从而帮助人们克服搭便车困境，达成集体行动的目标。与小区治理有关的制度既有正式的，如法律法规、政策、管理规约等；也有非正式的，如业主行为规范、议事规则等。近年来，中央和地方密集发力，建立健全了小区治理制度体系。但遗憾地是，绝大多数业主并不熟悉这些制度。本书的调研就发现许多居民对建筑物区分所有权和物业管理条例法规的内容并不了解；更多的人从未听说小区的管理规约和业主大会议事规则。由此可见，制度的建立并不能自动促使业主明白自己在小区治理中的权利和义务。因此，加强小区治理方面的公众教育就显得非常必要。当前这方面的公众教育主要由住建部门牵头，教育内容多围绕物业管理中的技术性问题，忽视业主自治的协作性问题，针对性不够。此外，公众教育的对象主要是物业管理服务人员、业委会成员或准业委会成员；没有面对普通业主和居民。公众缺乏低成本了解小区治理相关制度的渠道。因此，城市政府可以借助当前的信息技术，开发推广物业教育类 App，打造物业服务企业信息查询、房屋维修金提前、物业管理法律法规宣传百问、业主大会意见征询表决等服务为一体的平台，以加强公众教育。

第四，应提高居民的自治意识，鼓励他们参与小区的公共事务治理。意识是驱动个体行动的主要因素。研究和实践表明我国城市居民普遍缺乏自治意识，对小区的日常公共事务并不积极，仅在权益受损时方才开展应激性抗争。本书的实证分析表明居民的自治意识不是固定不变的，而是可以通过创设自治实践，在实践中逐步培养出来的。例如，南宁市近年来在

---

❶ 上海市住房和城乡建设管理委员会. 对市十五届人大一次会议第0806号代表建议的答复[EB/OL]. (2018-04-17)[2022-05-05]. https：//zjw.sh.gov.cn/bljg/20181121/0011-40943.html；上海市住房和城乡建设管理委员会. 对市十五届人大二次会议第0929号代表建议的答复[EB/OL]. (2019-05-25)[2022-05-05]. https：//zjw.sh.gov.cn/bljg/20181121/0011-40943.html

老旧小区中，以社区公共空间改造为切入点培养居民的自治意识，取得了不错的成效。2019 年，南宁通过宣传南宁本土"老友"文化（铁兄弟、好朋友），唤起居民对邻里互助的意识；立足家园价值，以"生活"和"人文"为导向重建老旧小区治理的价值；聘请专家团队，制定了"萝卜"议事规则十三条，教育居民如何高效开会沟通；创设了"老友议事会""老友花园营造""老友抗疫"等活动，引导居民发现家园之美，生发出"为小区，为家园"的参与动力。2019 年，南宁市在老旧小区中推动成立了 300 个居民议事组织，极大地储备了小区自治的力量。[1]

第五，构建利益相关方高效解决内部冲突的机制。冲突解决机制是有效治理的关键，它能够使利益相关方统一认识，解决分歧，共同合作。美国社区协会联盟在《下一代社区：2020 及以后的公共政策范式报告》中就非常强调冲突解决机制的重要性。报告指出业主组织成员应该借助第三方调解者的力量来公平、高效、专业、低成本地解决内部分歧；调解是最适合解决业主内部分歧的途径；联邦政府和州政府应该为业主组织提供有效的调解模式。我国城市基层政府也认识到调解在小区治理纠纷冲突中的作用，创新性地给出了解决方案。例如，上海市加强街镇在物业管理的属地管理责任，建立物业管理矛盾投诉调解机制，调解物业管理矛盾纠纷，处置物业管理相关的投诉信访；截至 2017 年年底，全市 5839 个居村已经全部聘用了法律顾问，实现了居（村）法律顾问全覆盖。[2] 上海市普陀区还创新性地设置了"无讼家园服务站"，通过 App 软件打通物业纠纷预防的最后一百米，业主不用出社区就能寻求法律服务化解矛盾纠纷。[3] 北京市开展了"街乡吹哨、部门报到"和"接诉即办"两项基层治理改革。改革针对基层治理中"条块分割、各自为政"的问题，致力于推进条块整合，

---

[1] 喻燕，吴凡. "多中心治理"理论指导下老旧小区改造业主自治研究——基于南宁市"老友议事会"案例［J］. 上海房地，2022（1）：35–39.

[2] 上海市住房和城乡建设管理委员会. 对市十五届人大一次会议第 0558 号代表建议的答复［EB/OL］.（2018–09–14）［2022–03–05］. https://zjw.sh.gov.cn/bljg/20181121/0011–40889.html.

[3] 澎湃新闻. "嘎三胡"也能法治宣传！普陀试点打造首家"无讼社区"［EB/OL］.（2020–07–03）［2022–03–05］. https://www.thepaper.cn/newsDetail_forward_8414904.

小区治理中需要各部门联合解决的物业纠纷问题能够得到高效的解决。❶杭州市拱墅区构建物业"微法庭",探索人民调解、行政调解、行业调解、司法调解相互衔接的物业纠纷调解机制。❷深圳市宝安区理顺居民委员会、社区工作站、街道办事处、区行政主管部门在物业纠纷调解中职责的做法,搭建了分级分类调处工作机制。❸这些先进的做法值得推广和借鉴。

  第六,引入先进的技术和手段,不断提升小区治理水平。随着互联网信息技术的发展,新的管理方式和管理方法层出不穷。在业主沟通交流方面,"北京业主App""上海物业App""深圳物业App""武汉江岸区住房保障管理局业主投票系统"等软件和系统极大地降低了业主投票决策的交易成本。《广州市业主决策电子投票规则》《海口市业主决策电子投票规则》《青岛市业主共同决定事项电子投票规则》等文件的出台规范了业主利用微信、QQ等社交平台进行决策的做法。在日常管理方面,一些大中型物业服务企业加大科技应用,探索数字化管理服务,从最基础的门禁系统到手机缴费、手机下单微信等方面逐步深化智慧物业的内涵。在物业服务行业信用规范方面。从全国到地方的都在逐步建立物业服务企业信用体系。在业主信用规范方面,一些二线城市开始探索居住信用管理制度,将无故拒交物业服务费超过半年的业主违约行为将录入公共信用服务平台,与个人征信系统挂钩。在物业服务企业薪酬方面,多地探索物业服务的从包干制转向酬金制和信托制。这些先进的物业管理理念和技术都值得复制和推广,以期降低小区治理的交易成本,提升治理效能。

---

  ❶ 民政部.北京推行"吹哨报到接诉即办"机制以党建引领超大城市基层治理[EB/OL].(2021-11-01)[2022-03-05]. https://www.mca.gov.cn/article/xw/mtbd/202111/20211100037568.shtml.

  ❷ 杭州市拱墅区人民政府.物业纠纷调解中心打造基层治理新途径,发挥纠纷调解"巨能量"[EB/OL].(2020-07-03)[2022-03-05]. http://www.gongshu.gov.cn/art/2020/7/22/art_1228982_53138766.html.

  ❸ 深圳市宝安区人民政府.宝安区住房和建设局关于区六届人大七次会议第20212095号建议的答复函[EB/OL].(2021-09-16)[2022-02-05]. http://www.baoan.gov.cn/gkmlpt/content/9/9137/mpost_9137196.html#20637.

参考文献

[1] 班涛. 权力结构视角下城市社区居民自治困境的生成与破解分析[J]. 内蒙古社会科学, 2020, 41 (6): 29-37.

[2] 蔡荣, 何深静. 社区自治何以可能?——对广州和香港业主组织的比较研究[J]. 住区, 2017 (4): 68-73.

[3] 陈光普. 社区治理绩效: 评估指标体系与实证分析[J]. 宁夏社会科学, 2020 (1): 136-144.

[4] 陈建国. 城市社区治理参与状况及其影响因素——基于北京市问卷调查的实证分析[J]. 天津行政学院学报, 2017, 19 (1): 11-18.

[5] 陈建国. 你的社区你做主吗?——住房产权对业主治权实现影响的实证分析[J]. 武汉科技大学学报 (社会科学版), 2020, 22 (1): 69-74.

[6] 陈鹏. 城市社区治理: 基本模式及其治理绩效——以四个商品房社区为例[J]. 社会学研究, 2016, 31 (3): 125-151, 244-245.

[7] 陈鹏. 从"产权"走向"公民权"——当前中国城市业主维权研究[J]. 开放时代, 2009 (4): 126-139.

[8] 陈鹏. 当代中国城市业主的法权抗争——关于业主维权活动的一个分析框架[J]. 社会学研究, 2010, 25 (1): 34-63, 243-244.

[9] 陈鹏. 国家—市场—社会三维视野下的业委会研究——以B市商品房社区为例[J]. 公共管理学报, 2013, 10 (3): 75-89, 140-141.

[10] 陈鹏. 业主委员会的功能定位与发展趋势[J]. 现代物业 (上旬刊), 2011, 10 (06): 154-157.

[11] 陈荣卓, 刘亚楠. 社区物业治理共同体的形塑与发展——基于H街道社区物业治理的观察[J]. 社会主义研究, 2020 (6): 134-142.

[12] 陈淑云,艾建国. 城市居住区物业管理与社区管理合作模式研究——以百步亭小区与中山巷社区为例[J]. 江汉论坛,2010(5):85-89.

[13] 陈淑云,唐将伟. "三方联动"视阈下城市社区治理再思考——基于武汉创新社区治理样本的分析[J]. 城市发展研究,2017,24(5):98-104.

[14] 陈天祥,叶彩永. 新型城市社区公共事务集体治理的逻辑——基于需求—动员—制度三维框架的分析[J]. 中山大学学报(社会科学版),2013,53(3):147-162.

[15] 陈文. 城市社区业主维权:类型与特点探析[J]. 贵州社会科学,2010(4):47-51.

[16] 陈文,黄卫平. 城市社区业主维权:现状、成因与对策[J]. 中州学刊,2009(3):116-120.

[17] 陈晓运. 法权行动主义与小区自主治理——基于G市Q小区案例的考察[J]. 社会学评论,2021,9(6):65-82.

[18] 陈映芳. 行动力与制度限制:都市运动中的中产阶层[J]. 社会学研究,2006(4):1-20,242.

[19] 陈幽泓. 社区治理在中国[J]. 安家,2003(10):72-75.

[20] 陈幽泓. 我看包华律师课题组《业主共同决定机制》研究[C]//和谐社区通讯2017年第1期,2017:49-52.

[21] 陈幽泓. "业主当家做主"对物业管理模式改革的启示[J]. 社区,2007(8):8.

[22] 陈幽泓. 住宅小区业主组织法律地位探讨——基于建筑物区分所有权制度[J]. 中国房地产,2015(25):65-69.

[23] 陈幽泓,曹吉丁,孙紫岚. 北京物业小区业主自主治理能力调查——数据统计与初步分析报告和谐社区发展中心成果[C]//和谐社区通讯2009年第1期(总第1期),2009:20-71.

[24] 陈幽泓,刘洪霞. 社区治理过程中的冲突分析[J]. 现代物业,2003(6):34-41.

[25] 陈跃华. 对业主委员会自治管理认识误区的剖析[J]. 上海人大月刊,2001(12):28-29.

[26] 陈晓运. 去组织化:业主集体行动的策略——以G市反对垃圾焚烧厂建设事件为例[J]. 公共管理学报,2012,9(2):67-75,125.

[27] 邓锋. 我国封闭式小区与西方私有社区比较研究[J]. 城市问题,2011(11):2-8.

[28] 刁振娇. 业委会社区治理与公法完善[J]. 华东政法大学学报,2010(5):132-

134.

[29] 杜任之. 论主观能动性问题 [J]. 哲学研究, 1980 (6): 43-51.

[30] 方亚琴, 夏建中. 社区治理中的社会资本培育 [J]. 中国社会科学, 2019 (7): 64-84.

[31] 符春. 十年耕耘结硕果——南宁市物业管理十周年回顾 [J]. 中国物业管理, 2005 (10): 79-80.

[32] 高丹华. 业主委员会中国18年——采访中国第一个业委会创始人之一陈之平 [J]. 中国物业管理, 2009 (7): 12-13.

[33] 高圣平. 论业主自治的边界 [J]. 法学论坛, 2009, 24 (6): 17-19.

[34] 高峥. 党建引领基层社区业主自治的虹桥实践 [J]. 中国领导科学, 2020 (2): 88-93.

[35] 顾玫. 上海城区业委会发展历程 [J]. 社会, 2001 (8): 27-28.

[36] 管兵. 愤怒与理性: 模式切换与维权结果 [J]. 中山大学学报 (社会科学版), 2013, 53 (3): 163-170.

[37] 管兵. 维权行动与社区民主意识: 以B市商品房业主为例 [J]. 学海, 2016 (5): 86-91.

[38] 管兵, 岳经纶. 双重合法性和社会组织发展——以北京市19个小区的业主委员会为例 [J]. 广西民族大学学报 (哲学社会科学版), 2014, 36 (5): 147-151.

[39] 关宏宇, 王广文, 朱宪辰, 徐生钰. 房屋产权性质对住宅小区业主自治行动的影响——以南京市的两个小区为例 [J]. 城市问题, 2016 (3): 67-74.

[40] 关宏宇, 朱宪辰, 章平, 等. 共享资源治理制度转型中个体规则认同与策略预期调整——基于南京住宅小区老旧电梯更新调查研究 [J]. 管理评论, 2015, 27 (8): 13-22.

[41] 郭圣莉, 吴海红, 刘永亮. 业主集体行动视角下的社区强人治理——基于业主委员会的多案例研究 [J]. 上海行政学院学报, 2017, 18 (6): 19-30.

[42] 郭于华, 沈原. 居住的政治——B市业主维权与社区建设的实证研究 [J]. 开放时代, 2012 (2): 83-101.

[43] 桂勇. 略论城市基层民主发展的可能及其实现途径——以上海市为例 [J]. 华中科技大学学报 (社会科学版), 2001 (1): 24-27.

[44] 何海兵. 国家—社会范式框架下的中国城市社区研究 [J]. 上海行政学院学报, 2006 (4): 96-106.

[45] 何深静,汪坤.广州商住小区业委会发展特征、治理效能及其影响因素[J].热带地理,2015,35(4):471-480.

[46] 何艳玲.业主自我管理和维修基金的重要性[C]//和谐社区通讯2010年第4期,2010:70-72.

[47] 何艳玲,钟佩.熟悉的陌生人:行动精英间关系与业主共同行动[J].社会学研究,2013,28(6):21-45;242.

[48] 何雨.城市治理中小区业主自治的异化与对策——基于N市某区的调查研究[J].上海城市管理,2015,24(4):16-20.

[49] 胡荣,刘艳梅.中间阶层在公共领域中的维权行为——厦门市U小区公摊纠纷个案分析[J].中共福建省委党校学报,2006(8):41-44.

[50] 胡仕林.元治理视角下业主委员会"成立难"探析[J].云南行政学院学报,2021,23(1):78-84.

[51] 胡哲麐.从业委会看待社区权力关系网的建立与扩大——以苏州市工业园区R社区业委会为例[J].学理论,2018(12):111-113.

[52] 熊易寒.从业主福利到公民权利——一个中产阶层移民社区的政治参与[J].社会学研究,2012,27(6):77-100,243.

[53] 黄安永.现代房地产物业管理[M].南京:东南大学出版社,2003:107-114.

[54] 黄荣贵.从参与到维权——业主行动的变迁与行动策略[M].上海:上海社会科学院出版社,2014.

[55] 黄荣贵,张涛甫,桂勇.抗争信息在互联网上的传播结构及其影响因素——基于业主论坛的经验研究[J].新闻与传播研究,2011,18(2):89-97,112.

[56] 黄卫平,陈家喜.城市运动中的地方政府与社会——基于N区业主维权案例的分析[J].东南学术,2008(6):59-66.

[57] 黄晓星.国家基层策略行为与社区过程——基于南苑业主自治的社区故事[J].社会,2013,33(4):147-175.

[58] 黄玉婷,张金娟,石举杰.小区物业管理与业主自治[J].城乡建设,2017(19):60-61.

[59] 雷岁江,孙荣.业主委员会制度绩效影响因素分析[J].经济问题,2012(9):42-47.

[60] 厉进伟.业主委员会"成立难"问题及其破解——一项基于业主交易成本的分析[J].行政与法,2018(5):66-75.

［61］李德智，谷甜甜，朱诗尧．老旧小区改造中居民参与治理的意愿及其影响因素研究——以南京市为例［J］．现代城市研究，2020（2）：19-25，41.

［62］李东泉，王瑛．集体行动困境的应对之道——以广州市老旧小区加装电梯工作为例［J］．北京行政学院学报，2021（1）：28-35.

［63］李利文．国外业主组织研究的范式、流派及其发展趋势［J］．国外理论动态，2016（5）：123-132.

［64］李培志．城市社区治理结构变迁与业主委员会的发展环境［J］．黑龙江社会科学，2014（5）：115-118.

［65］李鹏远．论我国业主自治制度的创新与完善——兼论对我国基层民主制度的实践意义［J］．黑河学刊，2013（6）：74-77.

［66］李小博．城市社区多元主体关系困境及其破解的法治路径［J］．领导科学，2020（18）：24-27.

［67］李友梅．城市基层社会的深层权力秩序［J］．江苏社会科学，2003（6）：62-67.

［68］李友梅．基层社区组织的实际生活方式——对上海康健社区实地调查的初步认识［J］．社会学研究，2002（4）：15-23.

［69］李玉连，朱宪辰．群体规范与业主自治制度——南京城市小区实证研究［J］．城市问题，2007（3）：7-11.

［70］李玉连，朱宪辰．业主自治的本质与实现的制度经济学分析［J］．华东经济管理，2006（6）：35-39.

［71］林雄斌，马学广，李贵才．全球化背景下封闭社区形成的影响因素与空间效应［J］．地理科学进展，2013，32（3）：354-360.

［72］刘能．怨恨解释、动员结构和理性选择——有关中国都市地区集体行动发生可能性的分析［J］．开放时代，2004（4）：57-70.

［73］刘新宇．居住空间、认同解放与行动策略——以社会运动理论探讨业主的维权行动［J］．法制与社会，2009（16）：218-219.

［74］刘晔，李志刚．20世纪90年代以来封闭社区国内外研究述评［J］．人文地理，2010，25（3）：10-15.

［75］刘子曦．激励与扩展：B市业主维权运动中的法律与社会关系［J］．社会学研究，2010，25（5）：83-110，244.

［76］江立华，梁贤艳．娘家与亲家：城市居民小区良性治理关系的生成机制研究［J］．吉首大学学报（社会科学版），2018，39（1）：49-55.

[77] 蒋俊明. 利益协调视域下城市社区治理结构的改进 [J]. 城市问题, 2014 (3): 80-84, 101.

[78] 孟伟. 城市业主维权行动的利益目标与权利取向 [J]. 黄山学院学报, 2007 (2): 63-67.

[79] 毛军权. 业主委员会: 社区治理中的制度共识、自治困境与行动策略 [J]. 兰州学刊, 2011 (5): 13-18.

[80] 闵学勤. 社区自治主体的二元区隔及其演化 [J]. 社会学研究, 2009, 24 (1): 162-183, 245.

[81] 缪青. 公民参与: 自下而上的治理和制度化的趋势 [J]. 北京规划建设, 2005 (6): 10-12.

[82] 聂洪辉. 公民素养、政府保护性功能与城市社区自治 [J]. 甘肃行政学院学报, 2013 (6): 56-65, 123-124.

[83] 钱志远, 孙其昂, 李向健. "互构型"社区治理——以一个城市社区的停车位事件为例 [J]. 城市发展研究, 2017, 24 (5): 91-97.

[84] 仇叶. 住宅小区物业管理纠纷的根源——基于合同治理结构变形与约束软化视角的解读 [J]. 城市问题, 2016 (1): 78-84.

[85] 毛启蒙. 社区业主维权的发展趋势 [J]. 城市问题, 2014 (12): 78-85.

[86] 盛智明. 城市社区治理中的"强人政治"与公共性困境 [J]. 河北学刊, 2016, 36 (6): 160-164.

[87] 盛智明. 地方政府部门如何规避风险?——以A市社区物业管理新政为例 [J]. 社会学研究, 2017, 32 (5): 166-191, 245-246.

[88] 盛智明. 制度如何传递?——以A市业主自治的"体制化"现象为例 [J]. 社会学研究, 2019, 34 (6): 139-163, 245.

[89] 盛智明. 组织动员、行动策略与机会结构业主集体行动结果的影响因素分析 [J]. 社会, 2016, 36 (3): 110-139.

[90] 盛智明, 周晴. 权力空间与治理绩效基于"上海都市社区调查"的分析 [J]. 社会, 2021, 41 (5): 1-30.

[91] 宋伟哲. 物业管理立法的困境与路径 [J]. 城市问题, 2020 (2): 73-81.

[92] 宋妍, 朱宪辰. 主观贴现率差异对集体物品产出的影响 [J]. 数学的实践与认识, 2008 (11): 17-23.

[93] 宋妍, 朱宪辰, 晏鹰. 偏好差异与城市社区共享资源的自发治理——以南京富丽

山庄社区的居民自治为例［J］．工业技术经济，2008，27（12）：75-77．

［94］孙铭成．住宅小区物业管理纠纷的生成原因及应对措施［J］．上海房地，2021（2）：46-50．

［95］孙荣，范志雯．社区共治：合作主义视野下业主委员会的治理［J］．中国行政管理，2007（12）：81-84．

［96］孙小逸，黄荣贵．维权情境中的自发性认知解放——以业主积极分子的权利意识的演进为例［J］．社会，2016，36（3）：140-166．

［97］孙小逸，黄荣贵．再造可治理的邻里空间——基于空间生产视角的分析［J］．公共管理学报，2014，11（3）：118-126，143-144．

［98］唐乐．语境分析下中国封闭小区的实质［J］．现代城市研究，2017（7）：60-65．

［99］唐亚林．"房权政治"开启中国人"心有所安"的新时代——评吴晓林新作《房权政治：中国城市社区的业主维权》［J］．经济社会体制比较，2016（6）：190-194．

［100］田先红，张庆贺．再造秩序："元治理"视角下城市住宅小区的多元治理之道［J］．社会科学，2020（10）：94-106．

［101］涂振．业主自治是物业管理的基础［J］．合肥工业大学学报（社会科学版），2004（4）：82-86．

［102］王冰．马克思主观能动性思想的历史演进［J］．学理论，2014（13）：28-29．

［103］王汉生，吴莹．基层社会中"看得见"与"看不见"的国家——发生在一个商品房小区中的几个"故事"［J］．社会学研究，2011，25（1）：63-95，244．

［104］王德福．物业纠纷刚性化及其化解机制［J］．北京工业大学学报（社会科学版），2019，19（6）：21-27，55．

［105］王德福．业主自治中积极分子的激励困境及其超越［J］．暨南学报（哲学社会科学版），2021，43（7）：77-86．

［106］王德福．业主自治的困境及其超越［J］．求索，2019（3）：88-96．

［107］王德福．中国式小区：城市社区治理的空间基础［J］．上海城市管理，2021，30（1）：45-51．

［108］王栋．政社联动：住宅小区业主协商自治的演进逻辑［J］．行政论坛，2019，26（6）：70-76．

［109］汪辉勇．公共事务概念分析［J］．广东社会科学，2020（1）：83-89．

［110］汪俊英．社区自治的法治化：理论基础、制约因素、实现路径［J］．学习论坛，

2022（2）：129-136.

[111] 魏姝. 中国城市社区治理结构类型化研究[J]. 南京大学学报（哲学. 人文科学. 社会科学版），2008（4）：125-132，144.

[112] 魏万青. 中产阶级、业主身份与集体行动——基于CGSS2006数据的研究[J]. 华中农业大学学报（社会科学版），2012（1）：96-101.

[113] 魏万青. 情感、理性、阶层身份：多重机制下的集体行动参与——基于CGSS2006数据的实证研究[J]. 社会学评论，2015，3（3）：82-96.

[114] 文宇. 城市住宅小区物业管理的现状、问题及其解决对策[J]. 城市问题，2013（9）：78-81.

[115] 吴晓林. 城中之城：超大社区的空间生产与治理风险[J]. 中国行政管理，2018（9）：137-143.

[116] 吴晓林. 党建引领与治理体系建设：十八大以来城乡社区治理的实践走向[J]. 上海行政学院学报，2020，21（3）：12-22.

[117] 吴晓林. 中国城市社区的业主维权冲突及其治理：基于全国9大城市的调查研究[J]. 中国行政管理，2016（10）：128-134.

[118] 吴晓林. 中国城市社区业主维权研究综论[J]. 城市问题，2013（6）：2-10.

[119] 吴晓林，李昊徐. 城市商品房社区的冲突与精细化治理——一个以业主行为为中心的考察[J]. 内蒙古社会科学（汉文版），2019，40（2）：22-27.

[120] 吴晓林，刘泽金，邓聪慧. 国内城市社区冲突研究十五年：回顾与反思[J]. 天津行政学院学报，2015，17（2）：90-99.

[121] 吴晓林，谢伊云. 房权意识何以外溢到城市治理？——中国城市社区业主委员会治理功能的实证分析[J]. 江汉论坛，2018（1）：132-137.

[122] 吴越. 业主委员会法律地位的确认[J]. 上海房地，2020（5）：49-51.

[123] 夏建中. 北京城市新型社区自治组织研究——简析北京CY园业主委员会[J]. 北京社会科学，2003（2）：88-94.

[124] 夏巾帼，郭忠华. 城市商品房小区自治困境的根源——基于小区公共事务性质的分析[J]. 浙江学刊，2019（5）：165-171.

[125] 夏永全. 《物权法》视角下的业主大会与业主委员会——以法的可诉性为中心[J]. 北方法学，2007（5）：133-140.

[126] 晓林. 深圳物业管理模式将在全国推行[J]. 中国商贸，1995（14）：42.

[127] 肖林. 不对称的合法性：居民委员会和业主委员会之比较[J]. 社会学评论，

2014，2（6）：58-68．

[128] 肖林．"'社区'研究"与"社区研究"——近年来我国城市社区研究述评[J]．社会学研究，2011，26（4）：185-208；246．

[129] 肖林．业主社区的兴起及其自主治理[J]．中国治理评论，2013（2）：42-64．

[130] 游春．业主自治管理中的私人秩序[J]．城市发展研究，2009，16（3）：122-126．

[131] 于海利，樊红敏．社区社会组织融入基层社会治理体系研究——以C社区业主委员会为例[J]．郑州大学学报（哲学社会科学版），2021，54（1）：14-18．

[132] 俞可平，李景鹏，毛寿龙，等．中国离"善治"有多远——"治理与善治"学术笔谈[J]．中国行政管理，2001（9）：15-21．

[133] 喻燕，吴凡．"多中心治理"理论指导下老旧小区改造业主自治研究——基于南宁市"老友议事会"案例[J]．上海房地，2022（1）：35-39．

[134] 袁青．破解自治困境：住宅小区业主自治的实践逻辑与优化[J]．湖南行政学院学报，2020（6）：22-31．

[135] 徐道稳．业主维权何以成为"运动"[J]．南风窗，2005（19）：52-53．

[136] 徐道稳．业主委员会：社区治理的结构性要素[J]．甘肃行政学院学报，2011（6）：78-84，124．

[137] 许定军．深圳与香港物业管理发展比较[J]．城市问题，1998（4）：52-56．

[138] 徐以民，朱伟．业主自治及其实践困境的消解——基于多中心治理的阐释[J]．北京理工大学学报（社会科学版），2013，15（5）：87-97．

[139] 晏鹰，朱宪辰，宋妍．城市社区集体物品合作供给的制度约束——以住宅小区电梯维保为例[J]．城市问题，2010（2）：80-85．

[140] 杨国霞，沈山．城市住宅小区物业服务满意度评价——以徐州市为例[J]．开发研究，2012（1）：156-160．

[141] 杨敏．作为国家治理单元的社区——对城市社区建设运动过程中居民社区参与和社区认知的个案研究[J]．社会学研究，2007（4）：137-164，245．

[142] 杨玉圣．论小区善治面临的主要矛盾——兼论小区公共事务治理之道[J]．政法论坛，2013，31（3）：12．

[143] 于凤瑞．民法典编纂中业主大会的法律属性与财产责任[J]．北方法学，2018，12（6）：44-53．

[144] 于文静．业主视角的业主委员会现状分析——以上海市普陀区A街道社区为例[J]．现代物业，2008（8）：34-37．

[145] 翟校义. 社区居民委员会与业主委员会的权利结构及其在北京市政策执行中的演化 [J]. 北京行政学院学报, 2008 (6): 1-7.

[146] 张红霞. 不同居住区居民社区参与的差异性比较——对上海两个社区居民参与情况的调查 [J]. 社会, 2004 (5): 54-56.

[147] 张金娟. 业主大会更换物业服务企业的原因分析 [J]. 上海房地, 2021 (11): 24-27.

[148] 张金娟. 住区业主集体行动的困境及其解决方案——关于业主集体行动的文献综述 [J]. 城市问题, 2017 (4): 4-12.

[149] 张金娟. 住宅小区管理模式选择研究 [J]. 经济管理, 2013, 35 (4): 175-182.

[150] 张磊. 业主维权运动: 产生原因及动员机制——对北京市几个小区个案的考查 [J]. 社会学研究, 2005 (6): 1-39, 243.

[151] 张磊, 刘丽敏. 物业运作: 从国家中分离出来的新公共空间国家权力过度化与社会权利不足之间的张力 [J]. 社会, 2005 (1): 144-163.

[152] 张静. 公共空间的社会基础——一个社区纠纷案例的分析 [C] //社会转型与社区发展——社区建设研讨会论文集, 2001: 92-113.

[153] 张静. 培育城市公共空间的社会基础——以一起上海社区纠纷案为例 [J]. 上海政法学院学报, 2006 (2): 7-16.

[154] 张雪霖, 钟雯. 小区业委会选举景象差异一般机制的解释——基于利益密度与社会异质性二维框架的分析 [J]. 城市问题, 2016 (12): 78-84.

[155] 张义斌, 李琼波. 基于社区治理视角的住宅物业服务发展现状及提升路径分析——以南宁市为例 [J]. 住宅与房地产, 2020 (33): 10-11.

[156] 张振. 共性中的差异: 中美城市业主组织合法性比较——基于新制度主义的分析 [J]. 北京社会科学, 2018 (3): 84-92.

[157] 张振, 杨建科. 城市社区的空间关系异化: 生成机理与治理机制——基于空间生产视角的分析 [J]. 学习与实践, 2017 (11): 82-88.

[158] 赵连山. 论住宅小区的业主自治 [J]. 中外房地产导报, 1996 (21): 40-39.

[159] 赵祥云. 业主委员会参与社区治理的多重合法性及运行逻辑——基于对苏州市相城区 R 小区的分析 [J]. 深圳社会科学, 2019 (4): 70-77, 157.

[160] 郑杭生, 黄家亮. 当前我国社会管理和社区治理的新趋势 [J]. 甘肃社会科学, 2012 (6): 1-8.

[161] 邹树彬. 城市业主维权运动: 特点及其影响 [J]. 深圳大学学报 (人文社会科

学版），2005（5）：44-49.

[162] 朱登轩. 社区物业管理中业主自治的双重委托代理模式研究——基于上海市多个商品房小区的对比［J］. 上海房地，2021（12）：42-47.

[163] 朱芳妮，张金鹗. 台北与香港住宅管理维护绩效之比较分析［J］. 都市与计划，2014（2）：199-277.

[164] 朱喜群. 社区冲突视阈下城市社区多元治理中的权力博弈——以苏州市D社区更换物业公司为考察个案［J］. 公共管理学报，2016，13（3）：49-60，155.

[165] 朱光喜. 我国"住房阶级"维权研究：2001—2010——一个关于业主维权的文献综述［J］. 甘肃行政学院学报，2010（6）：68-80，121-122.

[166] 朱光喜. 业主自治：城市社区自治的新逻辑——基于居民自治与业主自治的比较视角［J］. 成都行政学院学报，2012（4）：85-90.

[167] 朱光喜，朱燕. 政府在业主维权中的作用——以武汉市南湖社区为例［J］. 云南行政学院学报，2008（6）：67-71.

[168] 朱健刚. 以理抗争：都市集体行动的策略——以广州南园的业主维权为例［J］. 社会，2011，31（3）：24-41.

[169] 朱涛. 中国业主自治组织主体地位的演进与建构［J］. 私法研究，2015，17（1）：107-136.

[170] 朱喜群. 社区冲突视阈下城市社区多元治理中的权力博弈——以苏州市D社区更换物业公司为考察个案［J］. 公共管理学报，2016，13（3）：49-60，155.

[171] 朱宪辰，章平. 共享资源自发供给制度的产生——一个动态演化模型解释［J］. 财经研究，2005（7）：5-15，90.

[172] 朱宪辰，章平，黄凯南. 资源支配权预期、学习经历与制度发生——基于南京市30个小区共享资源治理过程878个样本的经验数据［C］//中国制度经济学年会论文集，2006：560-575.

[173] 朱新贵. 城市住宅物业管理的概念嬗变与路径选择［J］. 城市问题，2021（7）：83-90.

[174] 朱志玲. 结构、怨恨和话语：无直接利益冲突的宏观条件形成机制研究——基于斯梅尔塞加值理论的思考［J］. 中南大学学报（社会科学版），2013，19（3）：91-97.

[175] 庄文嘉. 跨越国家赋予的权利？对广州市业主抗争的个案研究［J］. 社会，2011，31（3）：88-113.

[176] BENGTSSON B. Solving the tenants' dilemma: Collective action and norms of co-operation in housing [J]. Housing, theory and society, 2001, 17 (4): 175-187.

[177] CAI R, LI C X, HE S J. Consciousness on property rights, homeowner associations and neighborhood governance: Evidence from Shanghai [J]. Cities, 2021 (119).

[178] CONWAY B P, HACHEN D S. Attachments, grievances, resources, and efficacy: The determinants of tenant association participation among public housing tenants [J]. Journal of urban afairs, 2005, 27 (1): 25-52.

[179] CHEN S C Y, WEBSTER, C J. Homeowner associations' collective action and costs of private governance [J]. Housing studies, 2005, 20 (2): 205-220.

[180] CHEUNG R. The interaction between public and private governments: An empirical analysis [J]. Journal of urban economics, 2008 (63): 885-901.

[181] CLAKE W, FREEDMAN M. The rise and effects of homeowners associations [J]. Journal of urban economics, 2019 (12) 1-15.

[182] CSÉFALVAY Z, WEBSTER C. Gates or no gates? A cross-European inquiry into the driving forces behind gated communities [J]. Regional studies, 2012, 46 (3): 293-308.

[183] DENG F, Gated community and residential segregation in urban China [J]. Geojournal, 2015 (82): 231-246.

[184] DENG F. Private governance under public constraints [J]. Post communist economies, 2011, 26 (3): 324-340.

[185] DOUGLASS M, WISSINK B, KEMPEN R V. Enclave urbanism in China: Consequences and interpretations [J]. Urban geography, 2012, 33 (2): 167-182.

[186] EASTHOPE H, NOUWELANT R, THOMPSON S. Apartment ownership around the world: Focusing on credible outcomes rather than ideal systems [J]. Cities, 2020, 97 (3): 102463.

[187] FINKEL S E, MULLER E N, OPP K D. Personal influence, collective rationality and mass political action [J]. The American political science review, 1989, 83 (3): 885-903.

[188] FU Q. Neighborhood conflicts in urban China: from consciousness of property rights to contentious actions [J]. Eurasian geography and economics, 2015, 56 (3), 285-307.

[189] GAO W. Collective actions for the management of multi-owned residential building: A

case of Hong Kong [J]. Habitat international, 2015 (49): 316-324.

[190] GAO W, HO D C W. Explaining the outcomes of multi-owned housing management: A collective action perspective [J]. Habitat international, 2016 (57): 233-241.

[191] GOIXR L, WEBSTER C. Gated communities [J]. Geography compass, 2008, 118: 1-26.

[192] GORDON T M. Crowd out or crowd in? The effects of common interest developments on political participation in California [J]. The annual of regional science, 2003, 37 (2): 203-233.

[193] HASTINGS E, WONG S, WALTERS M. Governance in a co-ownership environment: The management of multiple-ownership property in Hong Kong [J]. Property management, 2006, 24 (3): 293-308.

[194] HE S J. Homeowner associations and neighborhood governance in Guangzhou, China [J]. Eurasian geography and economics, 2015, 56 (3): 260-284.

[195] HELSLEY R W, STRANGE W C. Potential competition and public sector performance [J]. Regional science and urban economics, 2000, 30 (4): 405-428.

[196] HENRIKX M, WISSINK B. Welcome to the club! An exploratory study of service accessibility in commodity housing estates in Guangzhou China [J]. Social and cultural geography, 2016, 18 (3): 371-394.

[197] HO D C W, YAU Y, POON S W, et al. Achieving sustainable urban renewal in Hong Kong: Strategy for dilapidation assessment of high rises [J]. Journal of urban planning and development, 2012, 138 (2): 153-165.

[198] HUANG Y Q. Collectivism, political control, and gating in Chinese cities [J]. Urban geography, 2006, 27 (6): 507-525.

[199] HUI E C M, ZHENG X. Measuring customer satisfaction of FM service in housing sector: A structural equation model approach [J]. Facilities, 2010, 28 (5/6): 306-320.

[200] LI L J. Right's consciousness and rules consciousness in contemporary China [J]. The China journal, 2010, 22 (64): 47-68.

[201] LU T T, ZHANG F, WU F. The variegated role of the state in different gated neighborhoods in China [J]. Urban studies, 2019, 57 (4): 1642-1659.

[202] JOHNSTONN R, REID S. Multi-owned developments: A life cycle review of a devel-

oping research area [J]. Property management, 2013, 31 (5): 366 – 388.

[203] LUBELL M, ZAHRN S, VEDLITZ Z. Collective action and citizen responses to global warming [J]. Political behavior, 2007, 29 (3): 391 – 413.

[204] MCCABE B C. Homeowners' associations as private governments: What we known, what we don't know, and why it matters [J]. Public administration review, 2011, 71 (4), 535 – 542.

[205] MCCANN M W. Rights at work: Pay equity reform and the politics of legal mobilization [JM]. Chicago: The University of Chicago Press, 1994.

[206] READ B L. Assessing variation in civil society organizations: China's homeowner associations in comparative perspective [J]. Comparative political studies, 2008, 41 (9): 1240 – 1265.

[207] ROSENBLUM N C. Democratic education at home: Residential community associations and our 'Localism' [J], The good society, 1997, 7 (2): 12 – 15.

[208] WANG F. Determinants of the effectiveness of Chinese homeowner associations in solving neighborhood issues [J]. Urban affairs review, 2014, 50 (3), 311 – 339.

[209] WANG F, YIN H, ZHOU Z R. The adoption of bottom – up governance in China's homeowner associations [J]. Management and organization review, 2012, 8 (3): 559 – 583.

[210] WALTERS M. Transaction costs of collective action in Hong Kong high rise real estate [J]. International journal of social economics, 2002, 29 (4): 299 – 341.

[211] WEBSTER C. Gated cities of tomorrow [J]. Town planning review, 2001, 72 (2): 149 – 170.

[212] WOO Y, WEBSTER C. Co – evolution of gated communities in local public goods [J]. Urban studies, 2013, 51 (12): 2539 – 2554.

[213] YAU Y. Collectivism and activism in housing management in Hong Kong [J]. Habitat international, 2011, 35 (2): 327 – 334.

[214] YAU Y. Domestic waste recycling, collective action and economic incentive: The case in Hong Kong [J]. Waste management, 2010, 30 (12): 2440 – 2447.

[215] YAU Y. Norms sense of community and neighborhood collectivism in a high – rise setting [J]. Revista INVI, 2012, 27 (76): 17 – 72.

[216] YAU Y. Perceived efficacies and collectivism in multi – owned housing management

[J]. Habitat international, 2014 (43): 133-141.

[217] YAU Y, HO D C W, CHAU K W. Determinants of the safety performance of private multi-storey residential buildings in Hong Kong [J]. Social indicators research, 2008, 89 (3): 501-521.

[218] YIP N M. Walled without gates: Gated communities in Shanghai [J]. Urban geography. 2012, 33 (2): 221-236.

[219] 阿里·卡赞西吉尔. 治理和科学: 治理社会与生产知识的市场式模式 [M] // 俞可平. 治理与善治. 北京: 社会科学文献出版社, 2000: 127-147.

[220] 埃莉诺·奥斯特罗姆. 公共事物的治理之道: 集体行动制度的演讲 [M]. 余逊达, 陈旭东, 译. 上海: 上海译文出版社, 2012.

[221] 鲍勃·杰索普. 治理的兴起及其失败的风险: 以经济发展为例的论述 [M] // 俞可平. 治理与善治. 北京: 社会科学文献出版社, 2000: 52-85.

[222] 格里·斯托克. 作为理论的治理: 五个论点 [M] // 俞可平. 治理与善治. 北京: 社会科学文献出版社, 2000: 31-51.

[223] 郭于华, 沈原, 陈鹏. 居住的政治: 当代都市的业主维权和社区建设 [M]. 桂林: 广西师范出版社, 2014.

[224] 李爱斌. 北京市业主委员会发展调研报告 [M] // 唐娟. 城市社区业主委员会发展研究. 重庆: 重庆出版社, 2005: 110-156.

[225] 雷弢, 孙龙. 权利、空间与公民社会——北京业主维权运动与社区治理模式创新研究 [M]. 北京: 北京燕山出版社, 2012.

[226] 全球治理委员会. 我们的全球伙伴关系 [R]. 牛津大学出版社, 1995.

[227] 沈原. 走向公民权——业主维权作为一种公民运动 [M] // 沈原. 市场、阶级与社会——转型社会学的关键议题. 北京: 社会科学文献出版社, 2007.

[228] 唐娟. 城市社区结构变迁中的冲突与治理——深圳市业主委员会发展及社区维权行为研究报告 [M] // 唐娟. 城市社区业主委员会发展研究. 重庆: 重庆出版社, 2005: 20-72.

[229] 唐娟. 业主委员会治理机制研究 [M] // 唐娟. 共有、共享、共治——城市住宅小区和谐治理的实践与理论探讨. 北京: 中国社会出版社, 2009: 1-36.

[230] 王亚华. 公共事物治理概论 [M]. 北京: 清华大学出版社, 2022.

[231] 吴利平. 关于贵阳市住宅小区 (大厦) 业主委员会的调查 [M] // 唐娟. 城市社区业主委员会发展研究. 重庆: 重庆出版社, 2005: 270-283.

[232] 辛西娅·休伊特·德·阿尔坎塔拉. "治理"的概念的运用与滥用 [M] //俞可平. 治理与善治. 北京: 社会科学文献出版社, 2000: 16-30.

[233] 杨君, 郭琴, 卢恋. 让小区治理运转起来: 基于全景化及实践性的视角分析 [M]. 广州: 暨南大学出版社, 2018: 13.

[234] 俞可平. 引论: 治理与善治 [M] //俞可平. 治理与善治. 北京: 社会科学文献出版社, 2000: 1-15.

[235] 张静. 国家与社会 [M]. 杭州: 浙江人民出版社, 1998.

[236] 孟伟. 日常生活的政治逻辑 [D]. 武汉: 华中师范大学, 2006.

[237] 李银鑫. 业主委员会差异化的组织面相 [D]. 武汉: 华中师范大学, 2020.

[238] 刘威. 对抗边界的生产: 春城名苑邻里维权与反维权研究 [D]. 长春: 吉林大学, 2012.

[239] 申彬. 集体行动视野下业委会自治能力研究 [D]. 上海: 上海交通大学, 2016.

[240] 孙锋. 业主组织的制度安排对其治理能力的影响——基于上海的实证研究 [D]. 上海: 上海财经大学, 2019.

[241] 王颖颖. 住宅小区有效治理的影响因素分析 [D]. 上海: 华东理工大学, 2018.

[242] BLAKELY J E, GAIL S M. Fortress America: Gated communities in the United States [M]. Washington: Brookings Institution Press, 1997.

[243] GAO W. An empirical study of co-ownership building management A collective action perspective [D]. Hong Kong: University of Hong Kong, 2013.

[244] GAO W. Homeowner associations in China's condominium governance [M] // LIPPERT R K, TREFFERS S. Condominium governance and law: Global urban perspectives. New York: Taylor &Francis, 2021: 115.

[245] GAO W. Promoting owner participation in management, in Multi-owned property: Rights, restrictions and responsibilities [M] // ALTMANN E, GABRIEL M. Multi-owned property in the Asia-Pacific Region: Rights, restrictions and responsibilities. London, Palgrave Macmillan 2018: 251-267.

[246] MCKENZIE E. Privatopia: Homeowner associations and the rise of residential private government [M]. New haven: Yale University Press, 1994.

[247] STEPHEN L W. History of the court: rights consciousness in contemporary society

[M]//HALL K L, J W ELY J, GROSSMAN J B. The Oxford companion to the supreme court of the United States. Oxford：Oxford University Press，1992：398.

[248] Community Associations Institute. Community next：2020 and beyond publlc policy paradigms panel report［EB/OL］.（2016－03－25）［2022－03－15］. https：// www. caionline. org/AboutCommunityAssociations/About%20Comm%20Assns/CAI%20－%20Community%20Next%20－%20Public%20Policy%20Paradigms%20Report. pdf.

[249] 北京市人民政府. 本市发布《关于加强北京市物业管理公众提升物业服务水平三年行动计划（2020—2022 年）》［EB/OL］.（2020－08－03）［2022－05－27］. http：//www. beijing. gov. cn/zhengce/zcjd/202008/t20200803_1969488. html.

[250] 北青网.《北京市物业管理委员会组建办法》月底实施［EB/OL］.（2021－03－20）［2022－03－29］. https：//t. ynet. cn/baijia/30535744. html.

[251] DENG F, Spatial Pattern of Homeowners Associations in Urban China［EB/OL］.（2020－06－09）［2021－09－03］. https：//www. researchgate. net/publication/342053443_Spatial_Pattern_of_Homeowners_Associations_in_Urban_China

[252] 海南日报. 海南小区业委会成立比例不到三成，"难产"业委会［EB/OL］.（2019－07－19）［2022－03－28］. http：//big5. xinhuanet. com/gate/big5/www. hq. xinhuanet. com/news/2019－07/19/c_1124771825. htm.

[253] 杭州市拱墅区人民政府. 物业纠纷调解中心打造基层治理新途径，发挥纠纷调解"巨能量".［EB/OL］.（2020－07－03）［2022－03－05］. http：//www. gongshu. gov. cn/art/2020/7/22/art_1228982_53138766. html.

[254] 广州日报. 广州已成立965个业委会，力争今年实现全覆盖［EB/OL］.（2020－04－16）［2022－03－28］. https：//baijiahao. baidu. com/s? id = 16641688305966 38375&wfr = spider&for = pc.

[255] 广东省人民政府. 深圳经济特区物业管理条例［EB/OL］.（2022－02－10）［2022－05－27］. http：//www. gd. gov. cn/zwgk/wjk/zcfgk/content/post_2531970. html.

[256] 共产党员网. 中国共产党第十九届中央委员会第四次全体会议公报［EB/OL］.（2019－10－31）［2022－04－28］. https：//www. 12371. cn/2019/10/31/ARTI1572515554956816. shtml.

[257] 国家统计局. 第七次全国人口普查公报（第七号）［EB/OL］.（2021－05－1）

[2022 – 03 – 28]. http：//www. stats. gov. cn/ztjc/zdtjgz/zgrkpc/dqcrkpc/ggl/202105/t20210519_1817700. html.

[258] 国家统计局. 国家数据年度数据固定资产投资和房地产开发企业成套住宅竣工与销售情况［EB/OL］. [2022 – 03 – 28]. https：//data. stats. gov. cn/easyquery. htm? cn = C01.

[259] 国务院. 17 万个老旧小区将得到改造［EB/OL］. (2019 – 07 – 03)［2022 – 03 – 28]. http：//www. gov. cn/xinwen/2019 – 07/03/content_5405506. htm.

[260] 国务院. 关于深化城镇住房制度改革的决定［EB/OL］. (2011 – 07 – 18)［2022 – 03 – 29]. http：//www. scio. gov. cn/zhzc/6/2/Document/1003676/1003676. htm.

[261] 国务院. 关于在全国城镇分期分批推行住房制度改革的实施方案［EB/OL］. (2011 – 02 – 25)［2022 – 03 – 29]. http：//www. scio. gov. cn/wszt/wz/Document/865173/865173. htm.

[262] 国务院. 物业管理条例［EB/OL］. (2018 – 03 – 09)［2022 – 05 – 27]. http：//www. gov. cn/zhengce/2020 – 12/26/content_5574569. htm.

[263] 国务院. 中共中央办公厅印发《关于加强和改进城市基层党的建设工作的意见》［EB/OL］. (2019 – 05 – 08)［2022 – 03 – 29]. http：//www. gov. cn/zhengce/2019 – 05/08/content_5389836. htm.

[264] 国务院. 中共中央国务院关于加强和完善城乡社区治理的意见［EB/OL］. (2020 – 12 – 25)［2022 – 04 – 28]. http：//www. gov. cn/xinwen/2017 – 06/12/content_5201910. htm.

[265] 国务院. 中共中央国务院印发《关于进一步加强城市规划建设管理工作的若干意见》［EB/OL］. (2016 – 02 – 16)［2022 – 04 – 28]. http：//www. gov. cn/gongbao/content/2016/content_5051277. htm.

[266] 国务院. 住房和城乡建设部等部门关于加强和改进住宅物业管理工作的通知［EB/OL］. (2020 – 12 – 25)［2022 – 04 – 28]. http：//www. gov. cn/zhengce/zhengceku/2021 – 01/05/content_5577326. htm.

[267] 国务院. 住房和城乡建设部等部门关于开展城市居住社区建设补短板行动的意见［EB/OL］. (2020 – 08 – 18)［2022 – 05 – 27]. http：//www. gov. cn/zhengce/zhengceku/2020 – 09/05/content_5540862. htm.

[268] 国务院新闻办公室. 中共中央关于全面深化改革若干重大问题的决定（全文）［EB/OL］. (2013 – 11 – 15)［2022 – 02 – 18]. http：//www. scio. gov. cn/zxbd/

nd/2013/document/1374228/1374228_1.htm.

[269] 临汾兰山区法院公共服务网.城市新建住宅小区管理办法(建设部第33号令)[EB/OL].(2001-06-25)[2021-06-27].http://www.lscps.gov.cn/html/6439.

[270] 民政部.北京推行"吹哨报到接诉即办"机制以党建引领超大城市基层治理[EB/OL].(2021-11-01)[2022-03-05].https://www.mca.gov.cn/article/xw/mtbd/202111/20211100037568.shtml.

[271] 南宁市人民政府.南宁概况[EB/OL].(2021-08-27)[2022-03-29].https://www.nanning.gov.cn/zjnn/lcjj/t4360717.html.

[272] 南宁市青秀区人民政府.青秀概况[EB/OL].(2021-03-21)[2022-03-29].http://www.qingxiu.gov.cn/gaikuang/.

[273] 南宁市青秀区人民政府.青秀区年鉴(2020)[EB/OL].(2021-08-03)[2022-03-29].http://www.qingxiu.gov.cn/gaikuang/qxnj/t4826777.html.

[274] 南宁市住房和城乡建设局.南宁市住房和城乡建设局对市十四届人大五次会议第2号代表建议的答复——南住建函〔2020〕2500号[EB/OL].(2020-04-16)[2022-03-28].http://zjj.nanning.gov.cn/xxgk/zcfgyzcjd/zcwjcx/t4901177.html.

[275] 南宁市住房和城乡建设局网站.南宁市住房和城乡建设局关于市政协十一届五次会议第11.05.222提案答复的函——南住建函〔2020〕3103号[EB/OL].(2020-08-20)[2022-03-29].http://zjj.nanning.go.cn/xxgk/zcfgyzcjd/zcwjcx/t4901144.html.

[276] 南宁市住房和城乡建设局网站.南宁市住房和城乡建设局关于市政协十一届六次会议第11.06.232号提案答复的函——南住建〔2021〕2393号[EB/OL].(2021-08-06)[2022-03-29].https://zjj.nanning.gov.cn/xxgk/zcfgyzcjd/zcwjcx/t4901229.html.

[277] 澎湃新闻."嘎三胡"也能法治宣传!普陀试点打造首家"无讼社区"[EB/OL].(2020-07-03)[2022-03-05].https://www.thepaper.cn/newsDetail_forward_8414904.

[278] 深圳市宝安区人民政府.宝安区住房和建设局关于区六届人大七次会议第20212095号建议的答复函[EB/OL].(2021-09-16)[2022-02-05].http://www.baoan.gov.cn/gkmlpt/content/9/9137/mpost_9137196.html#20637.

[279] 深圳市人民政府办公厅.深圳市人民政府关于印发深圳市物业专项维修资金管

理规定的通知［EB/OL］.（2020－11－02）［2022－05－29］. http：//www. sz. gov. cn/gkmlpt/content/8/8237/post_8237079. html#749.

［280］深圳市住房和建设局.深圳市社区居民委员会代行住宅区业主委员会职责管理办法（试行）（征求意见稿）［EB/OL］.（2022－02－26）［2022－04－29］. http：//zjj. sz. gov. cn/gkyjzj/zzqyz/content/post_9591417. html.

［281］深圳特区报.深圳召开业主大会和业委会指导规则听证会，代表多项建议获采纳［EB/OL］.（2021－06－19）［2022－04－29］. https：//baijiahao. baidu. com/s? id =1702960356773204692&wfr = spider&for = pc.

［282］上海市住房和城乡建设管理委员会.对市十五届人大一次会议第0558号代表建议的答复［EB/OL］.（2018－09－14）［2022－03－05］. https：//zjw. sh. gov. cn/bljg/20181121/0011－40889. html.

［283］上海市住房和城乡建设管理委员会.对市十五届人大一次会议第0806号代表建议的答复［EB/OL］.（2018－04－17）［2022－05－05］. https：//zjw. sh. gov. cn/bljg/20181121/0011－40943. html.

［284］上海市住房和城乡建设管理委员会.对市十五届人大二次会议第0929号代表建议的答复［EB/OL］.（2019－05－25）［2022－05－05］. https：//zjw. sh. gov. cn/bljg/20181121/0011－40943. html.

［285］上海市住房和城乡建设管理委员会.对市十五届人大二次会议第0145号代表建议的答复［EB/OL］.（2019－05－25）［2022－05－05］. https：//zjw. sh. gov. cn/bljg/20181121/0011－40943. html.

［286］搜狐网.高德地图发全国小区数据报告［EB/OL］.（2016－01－16）［2022－03－28］. https：//www. sohu. com/a/54835302_121315.

［287］襄阳市物业管理协会.《关于深化城市基层党建引领基层治理的若干措施（试行）》［EB/OL］.（2022－02－23）［2022－04－28］. http：//www. xywygl. cn/news/content/3146. html.

［288］新民晚报.细化运作规范申城业委会组建高达92.47%居全国第一［EB/OL］.（2019－06－24）［2022－03－29］. https：//baijiahao. baidu. com/s? id =1637188170158304288&wfr = spider&for = pc.

［289］中国共产党新闻网.中共十八届五中全会在京举行［EB/OL］.（2013－11－15）［2022－02－18］. http：//cpc. people. com. cn/n/2015/1030/c64094－27756155. html.

［290］共产党员网.中国共产党第十九届中央委员会第四次全体会议公报［EB/OL］.

(2019-10-31)[2022-04-28]. https://www.12371.cn/2019/10/31/ARTI1572515554956816.shtml.

[291] 中国经济网.《北京市物业管理条理》实施3个月小区管理发生可喜变化[EB/OL].(2020-08-13)[2022-03-28]. https://baijiahao.baidu.com/s?id=1674866187515148698&wfr=spider&for=pc.

[292] 中国人大网.中华人民共和国民法典[EB/OL].(2020-06-02)[2021-06-27]. http://www.npc.gov.cn/npc/c30834/202006/75ba6483b8344591abd07917e1d25cc8.shtml.

[293] 中国综合社会调查.中国综合社会调查问卷[EB/OL].(2021-09-01)[2021-09-01]. http://cgss.ruc.edu.cn/xmwd/dcwj.htm.